ACAPOLTO

Roman

Kampf auf dem magischen Planeten

Gudrun Leyendecker
Andreas Hubertus
Michael Hubertus

Neuer Roman

für Michael und Andreas Hubertus
„Acapolto - Kampf auf dem magischen
Planeten

von Gudrun Leyendecker
(Co-Autoren Andreas und Michael
Hubertus)

Gudrun Leyendecker ist seit 1995 Buchautorin. Sie
wurde 1948 in Bonn geboren... Siehe Wikipedia.

Sie veröffentlichte bisher über 20 Bücher, unter
anderem Sachbücher, Kriminalromane, Liebesromane,
und Satire. Leyendecker schreibt auch als Ghostwriterin
für namhafte Regisseure. Sie ist Mitglied in
schriftstellerischen Verbänden und in einem
italienischen Kulturverein. Erfahrungen für ihre
Tätigkeit sammelte sie auch in ihrer Jahrzehnte langen
Tätigkeit als Lebensberaterin.

Andreas Hubertus, geboren am 29.08.06
und Michael Hubertus, geboren am
22.8.08
sind Schüler und Großneffen der Autorin.
Sie haben mit fantasiereichen Ideen zum
Inhalt der Geschichte beigetragen.
Bilder: Antonia Krahe

Acapolto

Kapitel 1

Im Konferenzraum des Raumschiffes Zefir C4 herrscht großes Gedränge, aufgeregte Stimmen mischen sich untereinander. Kommandeur Brockmann wendet sich an den ersten Offizier, Pamela Beck: „Hast du deinen Bericht fertig? Für wie viele Tage reichen noch unserer Nahrungspillen? Wie sieht es jetzt mit dem Trinkwasser aus? Und für sie viele Tage reicht unser Sauerstoff?"

Pamela sieht den Kommandeur ernst an. „Nach meiner erneuten Rechnung haben sich keine besseren Ergebnisse finden lassen, Tobias. Alles, was wir zum Leben brauchen, reicht nur noch drei Wochen. Und dabei haben wir noch ziemlich viel Glück gehabt, denn als wir vor zehn Jahren von der Erde los flogen, hatten wir uns nur eine Überlebenschance von neuneinhalb Jahren ausgerechnet. Aber wenn uns dieser Planet Acapolto nicht bald eine Landeerlaubnis erteilt, sieht es sehr schlecht für uns aus. Dabei hatte ich uns wirklich gute Chancen ausgerechnet. Immerhin wird dieser Planeten von ähnlichen Lebewesen bewohnt, wie wir sie bei uns auf der Erde kennen, und auch die Atmosphäre dort ist günstig für uns. Konntest du denn inzwischen noch mal mit einem der Bewohner Kontakt aufnehmen, inwieweit schon eine Entscheidung für unsere

Aufnahme gefallen ist?"

„Ja, glücklicherweise haben wir eine gute Qualität bei der Verbindung. Das Problem ist also nicht die Kontaktaufnahme. Aber, so wie ich es bisher aus den Informationsquellen heraus hörte, liegt die Schwierigkeit darin, dass der Planet von den Acapoltanern von zwei regierenden Gouverneuren gelenkt wird, die zwei sehr unterschiedlichen Parteien angehören. So, wie mir der Sprecher der einen Partei mitteilte, ergänzen sich diese beiden Parteien dort sehr gut. Aber bei diesem Punkt, ob man Fremde aus dem Weltall aufnehmen möchte, sind sich die beiden Parteien absolut uneinig. Der Sprecher, ein Mann mit dem Namen Damas; berichtete mir, dass sich die beiden Gouverneure Micaelo und Andreasi bereits darüber beraten."

„Dann können wir ja noch Hoffnung haben", ein kleines Lächeln huscht über Pamelas Gesicht.

„Aber wir müssen sehr vorsichtig sein, sehr sparsam, auch mit den Medikamenten, es darf jetzt keiner mehr krank werden. Den Vorrat, den wir haben, brauchen wir noch für die, die auf unserer isolierten Station liegen. Und das sind immerhin vier Erwachsene und drei Kinder. Ich lasse sie auch besonders mit Vitaminpillen versorgen, von denen haben wir glücklicherweise noch reichlich an Bord. Ich hoffe so sehr, dass sich unsere schwierige Lage bald ändert, Tobias. Es ist nach wie vor die Psyche unserer Crew und auch die der Passagiere, die mir Sorgen macht, denn es fallen immer wieder einzelne in Panik, weil sie verständlicherweise befürchten, dass man uns hier auf diesem Planeten nicht aufnimmt."

Tobias nickt„Ich habe eben dem Sprecher Damas mitgeteilt, wie dringend wir eine Landeerlaubnis benötigen, denn je weniger wir hier essen und Abfälle aller Art produzieren, desto weniger Energie produzieren wir hier auch für die Betreibung unserer Maschinen, teilweise müssten wir schon unsere Notaggregate verwenden. Diese Art von Energieerzeugung kennen sie hier noch nicht auf diesem Planeten. Da waren wir auf der Erde, als wir sie verließen, in dieser Beziehung gerade schon ein wenig weiter. Bedauerlich, dass es in anderen Bereichen noch nicht geklappt hat, besonders was das Soziale und den Frieden angeht."

„Zum Glück haben wir ja noch den Akku für die Landung, obwohl sie ja auf Acapolto wohl auch Flugobjekte haben, die uns hier vom Raumschiff abholen könnten, nicht wahr? Das hatte ich doch aus deinen Berichten von gestern entnommen, oder?"

Tobias löst eine kleine Tablette aus dem

Blister und reicht sie Pamela. „Hier! Das ist gut für die Konzentration, ein Vitamin. Du musst jetzt deine ganze Energie verwenden für die Arbeit, unsere Passagiere immer wieder zu beruhigen, das ist nicht einfach, das kostet Nerven. Ja, du hast Recht, der Sprecher Damas hat mir gestern sehr viel Interessantes über den Planeten Acapolto berichtet. Er ist sehr viel kleiner als unsere Erde und ist geometrisch recht interessant. Die eine Halbkugel befindet sich stets im Abendlicht und die andere ständig im Morgenlicht. Und genau diese beiden Hälften werden noch einmal geteilt durch einen breiten natürlichen Kanal, der sich rundherum durch diese beiden Hälften zieht. Zu beiden Seiten des Kanals schließen sich Sumpfgebiete an, über denen mehrere große Frachtbrücken die Landhälften verbinden.“

Pamela staunt. „Das muss ich mir zuerst einmal bildlich vorstellen. Es wäre also so, wie wenn bei uns oberhalb des Äquators nur Abend gewesen wäre und unterhalb des Äquators alles im Morgenlicht. Dazu muss ich mir jetzt einen Kanal vorstellen, der von unserem Nordpol bis zu unserem Südpol gereicht hätte und von dort auf der anderen Seite wieder zurück zum Nordpol. Ist das richtig so?“

„Genau. Und nun kommt ein weiterer interessanter Aspekt. Auf der einen Seite des Kanals gibt es massenhaft Bodenschätze, sehr viele Mineralien, Metalle. Einige davon kennen wir auch, aber nicht alle. Daher haben sie ähnlich des Magnetismus noch sehr viele Möglichkeiten zur Energiegewinnung. Selbst aus dem einfachen Magnetismus haben sie es verstanden, verschiedene Energien zu gewinnen. Und dieser Teil von Acapolto untersteht dem Gouverneur Andreasi. Auf der anderen Seite des umrundenden Kanals lebt und arbeitet der Gouverneur Micaelo. Auf seiner Planetenhälfte gibt es einen sehr fruchtbaren Boden, dort gewinnen die Bewohner Nahrungsmittel, ähnlich unserem Ackerbau."

„Soweit kann ich das verstehen und mir vorstellen", findet Pamela. „Aber wieso nur Frachtbrücken? Wie kommen die Einwohner von der einen Hälfte des Kanals zur anderen? Haben sie keine Autos?"

„Nein. Sie haben kleine Flugobjekte, die so ähnlich aussehen wie unsere Motordrachen, nur viel kleiner, weil sie mit stärkerer Energie angetrieben werden."

Pamela staunt. „Sieht es denn dann dort unten nicht aus wie in einem Bienenschwarm? Gibt es denn da kein Gedränge in der Luft? Oder vielleicht Zusammenstöße?"

Tobias lacht. „Nein, offenbar nicht. Damas sagte mir, dass man für die Fliegerei hohe

Steuern zahlen muss, ähnlich wie bei uns auf der Erde für die Autos, so dass man dort so weit wie möglich zu Fuß geht und das Flugobjekt nur für besondere Gelegenheiten benutzt. In jedem Flugobjekt sind dafür auch Zähler eingebaut, die einmal nach einem bestimmten Zeitraum mit einem Scanner abgelesen werden."

„Aber wie kaufen diese Einwohner denn dort ein, und wie kommen sie an ihre Nahrungsmittel? Schleppen sie etwa alles zu Fuß?" möchte Pamela wissen.

„Nein. Dafür haben sie Transportunternehmen. Das habe ich Damas nämlich auch direkt gefragt, weil es mich sehr interessierte. Alles wird online bestellt und vom nächsten Depot mit Kleintransporten geliefert. Die Depots liegen übrigens alle unter der Oberfläche. Was mich am meisten gewundert hat, ist, dass ihre Sprache trotz dieser Verschiedenheiten des Planeten der unseren so gleicht. Und sie sehen uns ja auch recht ähnlich. Die Nasen sind etwas größer und die Augen etwas kleiner, aber ansonsten könnten es beinahe Menschen sein. Was du noch wissen musst, ist, dass sich alle mit Du ansprechen, so wie hier auf unserem Raumschiff. Ein Sie finden sie beleidigend. Und sie haben alle keinen Nachnamen, dafür manchmal recht langen Namen, damit sie sich unterscheiden. So heißt zum

Beispiel die Mitarbeiterin von Damas Hexamatie, und sie nimmt eine ähnliche Stellung ein wie bei uns ein Außenminister."

Pamela sieht nachdenklich aus. „Ich glaube, wir haben noch eine ganze Menge zu lernen. Aber jetzt ist es erstmal ganz wichtig, dass wir weiter versuchen, zu überleben. Wir müssen unsere ganze Hoffnung, unseren Glauben und unsere Nerven stärken, damit es uns jetzt gelingt, einigermaßen die Ruhe zu bewahren."

„Ja, da hast du absolut Recht. Wir müssen Geduld und Ruhe bewahren, eine Panik können wir ganz bestimmt nicht gebrauchen. Hast du noch genug von den pflanzlichen Sedativa?"

Pamela nickt. „Diese Beruhigungspillen ohne Nebenwirkungen sind wirklich gut, sie helfen, ohne im Körper Schaden anzurichten. Kann ich noch etwas für dich tun, Tobias?"

„Danke nein. Ich habe soweit alles im Griff, und mich selbst im Moment auch. Wir werden das schon durchstehen, wir schaffen das!"

Pamela nickt, obwohl Zweifel in ihrem Gesicht geschrieben stehen. Langsam und nachdenklich verlässt sie den Raum.

***

2. Kapitel

!m Kassa Grande, dem Regierungsgebäude, mitten auf der größten Brücke des Planeten Acapolto leuchtet über der Tür des Sitzungssaals eine rote Lampe. Wie auch auf der Erde bedeutet dieses Signal: momentan ist das Eintreten verboten. Die schalldichten Türen lassen keinen Laut nach draußen dringen. Ein Summen, das von einem Roboter in der Größe eines Staubsaugers hervorgerufen wird, nähert sich vom Flur her der Tür.

Es wird lauter, bis es genau vor der Tür verstummt. Stattdessen ertönt nun ein leises Signal, das einem Glockenton ähnelt, der zu einer Klingel gehören könnte. In diesem Moment öffnet sich die Schiebetür wie von Zauberhand. Leise summend bewegt sich der Roboter in den Raum hinein und bleibt zwischen zwei halbrunden Sesseln stehen. Mit einem kleinen Klick öffnet sich die Oberfläche des Roboters und zwei oben geöffnete Flaschen, gefüllt mit einem prickelnden Getränk, bieten sich zum Entnehmen an.

Ein großer kräftiger Mann, der auf der linken Seite des Roboters sitzt, ergreift eine Flasche und hebt sie hoch. Auf den ersten Blick könnte man ihn für einen Menschen halten. Doch seine Augen sind kaum größer als die eines großen Vogels und seine Nase hat die Größe und Form einer mittelgroßen Kartoffel. Das graue Haar, das in Wellen um den Kopf fällt, ist im Nacken zu einem Zopf geflochten. Er trägt ein weißes Gewand, das einer Tunika ähnlich sieht, und seine Füße stecken in bequemen, geflochtenen Schuhen, die in der Form den Sportschuhen auf der Erde ähneln. „Wir trinken auf eine gute Diskussion, Micaelo!" schlägt der große Mann vor. Der zweite Mann, der in dem halbrunden Sessel rechts neben dem Roboter sitzt, ergreift ebenfalls eine Flasche und hebt sie hoch. Er ist ebenso groß, etwas schlanker, hat die Augen eines großen Vogels und die Nase einer Kartoffel, aber einen anderen Mund. In der Lippenform unterscheiden sich die beiden stark, unterschiedliche Führung, unterschiedliche Schwingungen und Stärken der Lippen lassen einen völlig anderen Gesichtsausdruck entstehen. Aber auch er trägt die lichtgrauen Haare im Nacken zusammengebunden, hinten lang herabfallend auf das weiße Gewand. An den Füßen trägt er ebenfalls geflochtene Schuhe in einer etwas dunkleren Farbe. Während er die Flasche hebt, ruft er deutlich: „Das wollen wir, Andreasi!"

Der Roboter schließt seine Oberfläche zu einer kleinen, runden und glatten Tischplatte.

Andreas trinkt einen großen Schluck und

stellt die Flasche auf dem Roboter ab. „Ich habe nachgedacht, wenn es nach mir ginge, würde ich diese fremden Wesen vom Raumschiff von dort abholen lassen, unter Quarantäne stellen und für eine kleine Weile aufnehmen, damit sie sich hier etwas erholen können. Dann könnten wir sie mit Proviant versorgen, ihre Energien aufladen und sie weiterziehen lassen. Dieser Meinung sind allerdings nur 60 % meiner Leute, der Rest steht dem ganz ablehnend gegenüber. Sie sind sehr misstrauisch und glauben, dass diese Leute von der Erde entweder Spione sind oder uns vernichten wollen. Sie lassen sich auch nicht durch die Tatsache beruhigen, dass in dem Raumschiff nur 24 Personen sind. Sie glauben, dass wir es auf jeden Fall mit Feinden zu tun haben."

„So ähnlich sieht es auch mit meinen Leuten aus", berichtet Micaelo. „Über 50 % meiner Leute möchte die Menschen von der Erde hier aufnehmen. Sie haben auch nichts dagegen, sie hier zu behalten. Sie meinten, man könne von ihnen vielleicht sogar etwas lernen. Etwa 15 % schlug vor, sie im Raumschiff zu beobachten und ihnen lediglich mit Nahrung und Energien zu helfen. Danach sollte man für ein Weiterkommen sorgen. Aber etwa 35 % meiner Leute möchte gar nichts mit ihnen zu tun haben, steht ihnen ganz feindlich gegenüber, möchte sie sogar angreifen und vernichten. Ich bin da nicht so voreingenommen, ich denke, wir sollten sie einmal auf dem Raumschiff besuchen und erkunden, wer sie sind und wie sie sind."

Andreasi schüttelt bedenklich den Kopf. „Das ist ein hoher Prozentsatz von Personen, die gegen diese Menschen sind. Das kann man nicht auf die leichte Schulter nehmen. So stark gespaltene Meinungen hatten wir noch nie. Das könnte hier eine komplette Spaltung ergeben. Bisher hatten wir hier nur deine Grüne Partei und meine Blaue Partei, aber jetzt scheint sich ja eine dritte Gruppe abzuspalten. Was gedenkst du zu tun?"

„Ich habe da eine Idee. Wir könnten eine geheime Mission starten. Wenn wir hier die Allgemeinheit informieren, dass wir das Raumschiff mit Nahrung und Energie versorgen, könnten wir heimlich die Passagiere auf unseren Planeten schmuggeln und bei ganz verschwiegenen Bewohnern unterbringen, und zwar bei denen, die für die Unterbringung dieser Menschen sind."

Andreasi schüttelt den Kopf. „Nein, das halte ich für viel zu gefährlich. Falls die Menschen wirklich etwas vorhaben, könnten sie hier vom Untergrund aus einen Krieg gegen uns anzetteln."

„Das glaube ich kaum", widerspricht

Micaelo. „Sie müssen eben alle ihre Sachen im Raumschiff lassen, und das Raumschiff bleibt auch dort oben, wo es ist."

„Nein, damit bin ich nicht einverstanden. Wir wissen ja gar nicht, mit welchen Energien diese Menschen dort arbeiten. Es könnte sein, dass sie versteckt im Körper Akkus oder Chips tragen, mit denen sie unseren Energiefeldern gefährlich sein können. Du kennst doch unsere Waffe für den Ernstfall, du kennst doch unsere Chips, die wir im Körper tragen, die im Ernstfall von den Zentralen angeschaltet werden."

„Meinst du, die tragen auch solche Chips im Körper? Dann können wir sie doch vorher mit Detektoren untersuchen", schlägt Micaelo vor.

Andreasi verzieht das Gesicht, er zweifelt. „Das ist mir zu riskant. Vielleicht tragen sie Chips aus anderen Metallen, die wir nicht kennen. Ich denke, wir versorgen sie erst einmal nur mit dem Notwendigsten. Dann sehen wir weiter."

„Gut", erklärt sich Micaelo einverstanden. „Ich schicke Hermes, meine beste Diplomatin, du kannst jemanden mit in mein Raketello beordern. Da müssen wir nicht jeder ein Raketello hochschicken."

Andreasi überlegt. „Ich könnte Merkurio hochschicken, aber ich brauche ihn im Augenblick hier ganz wichtig für ein Metall-Projekt. Würdest du diese Mission vielleicht allein übernehmen. Oder ist dir das zu riskant?"

Micaelo schüttelt den Kopf. „Nein, das geht schon in Ordnung. Ich werde ihr zum Schutz Oskar mitgeben, der besitzt nicht nur äußerst viele und ausgeprägte Sensoren, der ist auch ausgerüstet mit speziellen Detektoren. Apropos Sensoren, wie geht es dir denn jetzt."

Andreasi hebt die Haare am Nacken hoch, ein kleiner Wellenkamm aus Haut wird sichtbar, ähnlich der Rückenverzierung des Spinosaurus. „Siehst du? Keine Entzündungen mehr, im Moment geht es mir gut. Ich habe als Information aus dem Raumschiff, diese Menschen besitzen solche Sensoren gar nicht. Stattdessen verlassen sie sich auf ihre Augen, die sehr viel größer sind als unsere. Damit nehmen sie aber nur die Optik wahr und können nicht mit ihnen fühlen."

Micaelo stöhnt. „Wie schrecklich! Dann wird bei ihnen oft Gefühl und Verstand im Streit liegen. Sicher ist ihr Planet Erde noch ziemlich unterentwickelt."

„Das kann man wohl sagen. Der Chef der Crew von Zefir C4 hat mir einen langen Bericht übermittelt. Dort haben sie andauernd an jeder Ecke Krieg und haben das in mehren Jahrtausenden nicht besser hinbekommen."

Micaelo staunt. „Da sind bei ihnen Herz und

Verstand wohl noch unterentwickelt. Bei uns gab es in mehreren Tausend Jahren nur den einen Krieg ganz am Anfang, und seitdem wussten wir es zu verhindern. Dann müssen wir uns sehr in Acht nehmen vor diesen Menschen."

Andreasi verzieht das Gesicht. „Bevor uns diese Menschen hier einen möglichen Krieg bescheren, sollten wir sie gut unter die Lupe nehmen. Zum Glück sind es nicht viele. Und sie behaupten ja auch, in friedlicher Absicht gekommen zu sein. Es sind auch ein paar Kinder an Bord, die sich gar nicht mehr an die Erde erinnern können, weil sie damals noch zu klein waren. Merkwürdige Wesen! Sie haben so winzige Nasen, ich glaube nicht, dass sie damit viel anfangen können."

Micaelo lacht. „Ja, ich habe mir die Bilder von ihnen auch schon angesehen. Sie sehen so drollig aus, überhaupt nicht schön. Aber trotzdem wollen wir ihnen mit Respekt entgegen treten. Treffen wir uns morgen wieder?"

Andreasi nickt. „Gleiche Zeit und natürlich wieder hier."   ***

3. Kapitel

Tobias und Pamela stehen erwartungsvoll an der Einstiegsluke. Es dauert eine ganze Weile, bis die beiden Acapoltaner sämtliche Schleusen durchquert haben und die letzte Tür zum Eingang mit einem leisen Summen aufgeht. Einen Augenblick später stehen sie sich zum ersten Mal gegenüber: Hermes, die junge Acapoltanerin mit ihrem Begleiter Oskar und die beiden Menschen von der Erde.

Einen winzigen Augenblick lang betrachten sie sich stumm, dann reichen sie sich die Hände zum Gruß.

„Willkommen an Bord!" Pamela ergreift als erste das Wort. „Tretet ein und nehmt Platz. "

Die beiden Acapoltaner folgen ihrer Aufforderung.

Hermes, die junge Frau trägt ein leuchtendes, grünes Gewand, das bis zu ihren Füßen herabfällt. Ihre weißgrauen Haare locken sich um ihren Kopf. Auch sie zeigt die typischen Merkmale der Acapoltaner: eine große Nase und winzige Augen. „Es ist erstaunlich, dass sich die Erdenmenschen auch mit den Händen begrüßen. Es gab mal bei uns eine Epoche, da hatte man es aus hygienischen Gründen abgeschafft, aber inzwischen hat man festgestellt, dass es wie Impfungen zur

Immunisierung beiträgt. Wir bedanken uns für die freundliche Aufnahme an Bord. Und nun zu den wichtigen Dingen. Eure Nahrungspillen, einige Medikamente und ein paar andere Kleinigkeiten, haben wir bereits in eure Warenschleuse gegeben. Von unserem Akku aus, den wir bei euch am Kontaktor angeschlossen haben, versorgen wir euch gerade mit etwas Energie. Nun aber kommt der wichtigste Punkt: Unser Beratungskomitee ist wegen eures Verbleibes noch zu keinem Ergebnis gekommen, das tut uns sehr leid."

„Das kann ich gut verstehen", teilt ihr der Kommandeur Tobias Brockmann mit. „So ist das bei uns auf der Erde auch gewesen. Neue Menschen, auch wenn sie nur aus anderen Regionen der Erde stammten, wurden leider immer misstrauisch angesehen und oft auch angefeindet."

Hermes lächelt. „So schlimm ist das bei uns zum Glück nicht. Im Großen und Ganzen halten wir hier schon fest zusammen, und wenn etwas nicht stimmt, versammeln wir uns sofort. In den verschiedenen Gebieten gibt es überall Abgeordnete, die dann die Diskussionen und Verhandlungen führen. Wir haben aber auch für den Ernstfall Waffen, die wir nicht einmal erfinden mussten, die Natur hat sie uns geschenkt. Aber darüber muss ich natürlich schweigen. Das könnt ihr sicher verstehen."

Pamela nickt eifrig. „Und was habt ihr jetzt weiter vor?"

Hermes wiegt den Kopf. „Wir suchen so schnell wie möglich nach einer Einigung, wir diskutieren weiter. Bis dahin bitte ich euch um etwas Geduld."

„Wir versuchen es den Umständen entsprechend", meint Tobias. „Kann ich euch irgendetwas anbieten? Mit irgendetwas erfreuen?"

Oskar ergreift das Wort. Sein grauer Haarschopf gerät über dem grünen Gewand in Bewegung. „Ihr werdet verstehen, dass wir hier nichts anrühren und auch nichts mitnehmen. Wir beide hätten persönlich nichts dagegen, aber wir müssen uns jetzt hier wie Vertreter unserer gesamten Acapoltaner verhalten, und die verlangen leider erhöhte Vorsichtsmaßnahmen."

„Aber dafür habe ich auch eine gute Nachricht für euch", verkündet Hermes. „Unser Chef Micaelo hat uns zu einer geheimen Mission beauftragt. Könnt ihr beide schweigen? Auch eurer Mannschaft gegenüber?"

Tobias und Pamela nicken eifrig.

„Das können wir", bekräftigt Pamela noch einmal und sieht Hermes groß an.

„Micaelo hat uns beauftragt, schon einmal zwei eurer Kinder mitzunehmen. Sie sind ja alle nicht mehr so klein, und die sollen dann schon einmal probeweise bei uns aufgenommen werden."

Pamela und Tobias blicken ihre Gäste überrascht an.

„Günstig wäre das für unsere beiden Mädchen, die eine Erkältung haben", schlägt er vor.

Hermes schüttelt leicht den Kopf. „Tut mir leid. Das ist nicht möglich. Kranke müssen bei euch in Quarantäne bleiben. Es müssen gesunde Kinder sein. Und die dürfen dann versuchsweise bei uns leben. Damit will Micaelo testen, ob solch ein Zusammenleben möglich ist. Und wenn es klappt, glaubt er mit diesem Test alle anderen Bewohner des Planeten überzeugen zu können. Allerdings muss dieser Test ganz geheim bleiben, denn nicht einmal Andreasi weiß etwas davon. Es ist also auch besser, wenn ihr niemandem etwas davon sagt. Seid ihr mit einem solchen Test einverstanden?"

Tobias und Pamela sehen sich fragend an.

„Möchtet ihr euch etwas beraten?" schlägt ihnen Hermes vor.

Tobias strafft seine Körperhaltung. „Nein. Da gibt es nichts zu überlegen. Wir tun alles, um unser Weiterleben zu ermöglichen. Und wenn das eine Chance ist, dass alles schneller entschieden werden kann, sind wir natürlich sofort einverstanden."

„Genau", stimmt ihm Pamela zu. „Wir haben

zwei 13 jährige Jungen, die sehr vernünftig sind, die man mit einer Mission als Vertreter der Erde beauftragen kann. Sie sind intelligent, zuverlässig und absolut verschwiegen. Ich werde sie sofort holen, um eure Zeit nicht länger als nötig in Anspruch zu nehmen. Sie heißen Michael und Andreas."

Hermes lächelt. „Welch ein Zufall. Unsere Gouverneure heißen ganz ähnlich: Andreasi und Micaelo. Das scheint ein gutes Zeichen zu sein. Ja, bitte! Hole sie einmal!"

Pamela entfernt sich und Tobias scheut sich inzwischen nicht, den beiden Gästen einiges Wissenswerte über das Raumschiff zu erzählen.

Die beiden hören interessiert zu.

„Das ist sehr nett von dir, dass du so viel Vertrauen zu uns hast und uns alles erklärst. Das ist nicht üblich, und ich werde von dir auf der Versammlung sehr viel Gutes zu berichten haben", lobt ihn Hermes. „Das wird vorteilhaft für euch sein."

„So bewundernswert ist das gar nicht", findet Tobias. „Wir sind ganz in eurer Hand, aber ich tue es auch gern."

„Sind alle bei euch auf der Erde so ehrlich und höflich?" erkundigt sich Oskar.

„Oh nein. Da gibt es verschiedene Temperamente, sowohl die ganz Ruhigen als auch die brüllenden und tobenden Löwen. Da war immer viel los."

„War?" fragt Oskar. „ist es denn jetzt nicht mehr so?"

„Als wir von dort wegflogen, waren katastrophale Zustande auf der Erde, es gab zu viele Kriege und die Menschen achteten nicht genug auf die Natur."

Die Tür öffnet sich in diesem Moment und Pamela erscheint mit zwei Jungen. Sie tragen Trainingsanzüge und Sportschuhe, jeder trägt einen kleinen Rucksack auf dem Rücken.

Beide begrüßen Hermes und Oskar und stellen sich ihnen vor, der etwas größere als Andreas, der kleinere als Michael.

„Exakt wunderbar und gigantös", drückt Hermes ihre Zustimmung aus. „Das wird klappen. Ihr macht keinen gefährlichen Eindruck. Wir nehmen euch jetzt sofort mit, da die Zeit für eure geheime Abreise gerade günstig ist. Auf unserem Landeplatz sind gerade Ruhestunden, das müssen wir ausnutzen. Aber die Rucksäcke müsst ihr hier lassen, fremdes Gepäck können wir leider nicht zulassen. Macht euch keine Sorgen, auf Acapolto wird es euch gut gehen, ihr werdet alles haben, was ihr braucht. Ich persönlich werde dafür sorgen, dass ihr gut untergebracht werdet, und zwar in einer sehr netten Familie. Und jetzt verabschiedet euch schnell!"

***

4. Kapitel

Die beiden Jungen, Andreas und Michael sitzen angeschnallt im Raketello und spüren, wie es abwärts geht, mit einem Gefühl fast wie in einem schnellen Fahrstuhl. Der Blick aus dem Fenster zeigt ihnen, dass sie sich dem Planeten Acapolto rasch nähern. Deutlich erkennen sie links den breiten Strom, der die beiden Hälften trennt und die sich anschließenden Sümpfe. Grüne Büsche, Sträucher und Wiesen schließen sich an zwischen braunen, grünen, gelben und roten Feldern. Beim Näher kommen entdecken sie, dass alle Farben etwas blasser sind als auf der Erde.

„Und? Wie gefällt dir das?" fragt Andreas seinen Freund. „Hast du Angst?"

Michael schüttelt den Kopf. „Nein, jetzt nicht mehr. Im Raumschiff hatte ich Angst, dass wir nicht mehr gerettet werden. Jetzt finde ich das easy."

„Stimmt. Mir geht es ähnlich." Andreas atmet erleichtert auf. „Die Fahrt hier in dem komischen Ding finde ich cool."

„Raketello nennen sie es, vermutlich heißt es „kleine Rakete", obwohl es mit einer niedrigeren Geschwindigkeit fliegt, aber so kann man wenigstens etwas von draußen sehen. Was mögen da auf roten Feldern für große Früchte wachsen?" Er zeigt auf ein Feld mit großen, dunkelroten nach oben spitzen Früchten, neben dem das Raketello zur Landung ansetzt.

„Das sieht aus wie Riesen-Radieschen", überlegt Andreas. „So groß wie bei uns riesige Kürbisse. Wahrscheinlich wird uns hier noch Einiges überraschen."

Im Lautsprecher kündigt Pamela von nebenan die Landung an.

Das Flugobjekt berührt den Untergrund, sanft federnd wie auf Gummi findet der Kontakt auf dem Boden von Acapolto statt.

„Supertechnik", findet Michael.

„Ja, echt! Bei uns schaffen nicht einmal die Flugzeuge solch eine Landung, schon gar nicht solche Flugobjekte." Andreas verzieht anerkennend das Gesicht.

„Ich könnte mir denken, dass sie hier Einiges aus der Hubschraubertechnik übernommen haben", vermutet Michael.

Aus dem Cockpit heraus erscheint Hermes in der Türöffnung. „Dann mal los, ihr beiden!" fordert sie die Jungen freundlich auf. „Normalerweise landen wir weiter hinten auf einem bestimmten Landeplatz. Aber von hier sind es nur noch wenige Schritte bis zu eurer Unterkunft."

Michael und Andreas steigen aus dem Raketello und folgen Hermes und Oskar.

„Was sind das für rote Früchte?" erkundigt sich Andreas.

„Sie heißen „Scharfies", berichtet Hermes. „Sie haben viele Vitamine, sind sehr reich an Mineralien und Nährstoffen, aber weil sie so scharf schmecken, nennen wir sie eben Scharfies. Aber wir haben eine vielseitige Kost. Ihr werdet noch viele andere Früchte bei uns kennen lernen."

„Was für Tiere gibt es denn hier?" will Michael wissen.

Leider nur zwei verschiedene. Einmal die Flugmäuse, die meisten von ihnen leben dort, wo es Abend ist, und dann die Bremmies, und die gibt es in allen Größen, so klein wie eine Hand und so groß wie ein Acapoltaner." Sie holt einen winzigen Monitor hervor und zeigt den beiden Jungen das Bild von einem Tier, das exakt wie ein Meerschweinchen aussieht.

„Das sind unsere Meerschweinchen", erklärt Andreas. „Die gibt es bei uns in klein. Eh... em, ich meine..., werden hier auch Tiere gegessen?"

Hermes lacht. „Nein, wir essen nur Früchte. Was habt ihr doch für lustige Namen auf der Erde! Meerweinchen!!!"

„Meerschweinchen", verbessert Michael. „Und was macht ihr mit den Tieren?"

„Die kleinen Rassen halten wir als Haustiere", antwortet Oskar. „Die großen mähen in unseren Gärten die Wiesen, indem sie das Gras futtern, manche leben auch allein in den Sümpfen."

Michael staunt. „Sind die gefährlich?"

„Die in den Sümpfen sind oft nicht so

harmlos, weil sie den Kontakt zu den Acapoltanern verloren haben", erklärt Hermes. „die Tiere müssen nämlich immer gestreichelt werden, sonst werden sie bösartig. Diese Streicheleinheiten sind gut für Körper und Seele. Die Tiere, die bei den Acapoltanern leben, sind ganz zutraulich und beißen niemals. Es ist schon einige Male vorgekommen, dass wir diese Tiere aus den Sümpfen zu den entsprechenden Ärzten bringen mussten, weil sie bissig wurden, und die Ärzte mussten dann eine langwierige Therapie in Angriff nehmen. Wir haben Einwohner mit verschiedenen Berufen, die sich alle um unsere Tiere kümmern."

„Das muss es bei uns auf der Erde auch gegeben haben", erzählt Andreas. „Wir können uns allerdings nicht mehr daran erinnern, wir waren ja erst drei Jahre alt, als wir die Erde verließen. Aber wir haben zwei Lehrer mit an Bord, die haben uns in den vergangenen Jahren alles Wissenswerte über die Erde beigebracht, damit wir gut informiert sind. Natürlich haben wir auch viele informative Filme gesehen. Wir sollen ja auch von der Erde einiges erzählen können, falls es sie irgendwann einmal nicht mehr gibt."

„Und jetzt suchen wir ein neues Zuhause, auf dem wir leben können", ergänzt Michael. „Aber hier will man uns wohl nicht für immer haben."

Hermes lächelt. „Das ist noch nicht entschieden. Da wird wohl noch diskutiert werden müssen. Es gibt eine Reihe von Bürgern, die euch unvoreingenommen entgegenstehen. Ein anderer Teil hat wohl Angst, ihr könntet entweder mit bösen Absichten gekommen sein oder hier den Ablauf unseres Planeten stören. Unser Gouverneur, Micaelo, möchte den Bewohnern ganz einfach an einem Beispiel zeigen, dass man mit euch leben kann. Das halte ich für eine gute Idee. Mit der Praxis kann man oft besser überzeugen als mit Theorie, das ist exakt wunderbar und gigantös oder einfach pitto."

„Was?" rufen die beiden Jungen wie aus einem Mund.

„Exakt wunderbar und gigantös", antwortet Oskar. „Das sagt man so bei uns, wenn alles in Ordnung ist. Oder man sagt einfach „pitto". Es ist gut, wenn ihr euch das gut merkt, denn man weiß nie, ob ihr das nicht einmal hier gut gebrauchen könnt."

Sie sind an einem merkwürdigen Gebäude angekommen, das aussieht, wie ein Würfel aus dunklem Glas.

„Ist das ein Haus?" fragt Andreas.

„Es ist ein Wohnwürfel", erklärt Hermes. „So wohnen wir alle. Von außen kann man nicht hineinsehen, aber von innen nach außen."

„Das kennen wir", erzählt Michael. „Solches

Glas gibt es bei uns bei der Kriminalpolizei, wenn die Kommissare bei einem Verhör von einem anderen Raum aus unbemerkt dadurch zusehen."

„Es ist sehr fest, dieses Material, kaum zerstörbar", erklärt Hermes. „Man muss es auch nicht pflegen oder erneuern. Es reinigt sich selbst."

„Das ist praktisch", findet Andreas. „Auf der Erde gibt es viele Häuser, die immer wieder gestrichen werden müssen. Aber wenn sie unzerstörbar sind, dann werden doch die Handwerker einmal ohne Arbeit sein, wenn es genug Wohnwürfel gibt."

Hermes lächelt. „Nein. Bei uns ist nie jemand ohne Arbeit. Jeder hat mehrere Berufe, und die Arbeiten werden oft getauscht in regelmäßigen Abstanden. Die blaue und die grüne Partei leihen sich auch immer regelmäßig die Arbeiter aus, damit nicht einer zuviel gräbt und der andere zuviel sitzt. Zerstören kann man diese Häuser übrigens nur mit einem einzigen Metall, das im Kassa Grande, unserem Regierungsgebäude unter Verschluss liegt. Ein Metall von dem es nur wenige Kilo gibt, denn es gab im Boden nur eine einzige Mine."

„Dann gibt es hier viele Bodenschätze?" vermutet Michael.

Oskar nickt. „Sehr viele verschiedene, auch

mit allerlei magnetischen Eigenschaften. Wenn wir einen großen Gegenstand von der Stelle bewegen wollen, befestigen wir einen Magnet daran, mit einem zweiten Magneten, der einen gleichen Pol hat, schieben wir dann den Gegenstand vor uns her. Wir haben sehr kleine Magnete, die sehr stark sind."

Andreas staunt. „Das muss ich mir einmal ansehen".

Hermes öffnet mit einer summenden Fernbedienung ein quadratisches Stück in der Hauswand und führt die beiden Jungen in das Innere des Wohnwürfels. In dem großen Wohnraum stehen mehrere halbrunde Sessel mehrere Liegesofas und drei kleine Tische. Zwei kleine Roboter warten neben der Tür auf Befehle.

Oskar führt die Kinder zu den Sesseln, auf denen sie einen bequemen Platz finden.

Hermes verschwindet in einer der Öffnungen, die sich hinter der Wand befinden und erscheint einen Augenblick später mit zwei acapoltanischen Kindern.

„Hier, meine Lieben! Dies hier ist mein zwölfjähriger Sohn Woino, und daneben, das ist meine elfjährige Tochter Erike. Ich wohne hier mit ihnen in diesem Haus und freue mich, dass wir es einmal miteinander versuchen können. Und was meint ihr dazu, Andreas und Michael?"

Andreas stutzt einen Augenblick. Dann sagt

er: „Exakt wunderbar und gigantös."
„Pitto", fügt Michael hinzu.

***

5. Kapitel

Pamela und Tobias haben die Passiere um sich herum versammelt und berichten ihnen vom Besuch der Acapoltaner.

Tobias ergreift das Wort. „Dank ihnen sind wir jetzt auch alle hier in diesem Raum versammelt, denn ihrer Medizin ist es zu verdanken, dass alle Kranken wieder auf dem Weg der Gesundung sind. Offenbar sind sie uns in der Medizin und der Pharmazie schon weit voraus."
„…und wie euch inzwischen bekannt gegeben wurde, haben wir die beiden Jungen Andreas und Michael mit dieser freundlichen Abgesandten auf den Planeten geschickt, damit ein erster Schritt getan ist, und wir hoffentlich auch bald abgeholt werden können," fährt Pamela fort. „Wir haben auch schon neue Nahrungspillen und weitere Vitamine und Mineralstoffe erhalten, sodass sich unsere Chancen auch generell erhöht haben.
Es sieht also danach aus, als hätten wir es mit weitgehend friedlichen Bewohnern zu tun, die uns helfen wollen. Daher besteht also kein Grund mehr zur Beunruhigung. Wir können alle entspannen und aufatmen."
Tobias sieht die Passagiere fröhlich an. „Wir werden also in der nächsten Zeit weiter gut versorgt und hoffen dann auf eine positive

Entscheidung für ein Asyl. Daher ist es wichtig, dass wir uns weiter sehr diszipliniert verhalten. Unser Detektor hat nämlich festgestellt, dass uns einmal am Tag eine uns fremde Röntgenstrahlung trifft, so dass ich die Vermutung hege, dass man uns in regelmäßigen Abständen kontrolliert."

Pamela fährt fort: „Diese Vorsichtsmaßnahme von den Acapoltanern ist aber nicht negativ zu werten. Denn es ist verständlich, dass sie sehr vorsichtig sein müssen und ihren Planeten vor Feinden schützen wollen. Ich bitte euch aber um eine besondere Maßnahme, damit wir den Geheimplan mit Andreas und Michael nicht gefährden. Bitte haltet euch immer an verschiedenen Orten auf und benutzt alle Räume, abwechselnd alle Stühle und abwechselnd auch alle Betten, findet euch zwischendurch zu engen Gruppen zusammen, und trennt euch dann wieder in verschiedene Richtungen. Es muss immer eine Bewegung stattfinden. Dazu habe ich auch einen Plan angefertigt, den ich euch gleich aushändige, damit ihr den Anleitungen folgen könnt."

Sie verteilt Blätter an die Anwesenden.

Werner, einer der beiden Lehrer meldet sich zu Wort. „Es tut mir leid, aber ich finde es schon etwas gefährlich, dass jemand die beiden Jungen ohne die Einwilligung der Einwohner auf den Planeten geholt hat. Es ist mir auch nicht ganz verständlich, wie dieser Plan funktionieren soll. Wenn sich die beiden Jungen dort bewähren sollen, müssen sie sich ja unter die Einwohner mischen. Das wiederum ist aber gefährlich, denn dann könnte man sie anfeinden oder sogar noch übler behandeln. Versteckt man sie aber irgendwo in einem ihrer seltsamen Häuser, dann ist es nicht überprüfbar, ob wir Menschen von der Erde für ein Leben auf Acapolto geeignet sind."

„Natürlich ist uns dieses Risiko bewusst", antwortet Pamela. „Aber dies ist die einzige Möglichkeit, möglichst schnell zu weiteren Ergebnissen zu kommen. Wir müssen das immer abwägen, in unserer Situation können wir nicht so wählerisch sein. Sie haben es uns in Freundschaft vorgeschlagen, und wir müssen ihnen jetzt unser Vertrauen schenken. Das ist ein ganz wichtiger Punkt. Hätten wir zu diesem Vorschlag nein gesagt, müssten wir uns wieder diesem Wettlauf mit der Zeit unterordnen. Wir müssten um unsere Vorräte bangen, denn alles, was wir zum Leben brauchen, geht langsam zu Ende."

Werner nickt leicht. „Ja, das ist mir schon klar. Ich hatte nur gedacht, wir können eine bessere Lösung finden, wenn wir erst einmal zusammen diskutieren."

„Wir mussten schnell handeln", erklärt Tobias. „Und da ich als euer

Bevollmächtigter nach bestem Wissen und Gewissen entschieden habe, auch mit Pamelas Einverständnis, haben wir uns für das kleinere Übel entschieden. Wir sind nun mal nicht in der Lage, freie Entscheidungen zu treffen, sondern müssen uns immer nach den Umständen richten. Leider hatten wir keine Zeit, eine Entscheidung hinauszuschieben. Wir müssen immer aus jeder Situation das Beste machen. Reicht dir das als Erklärung?"

Werners Gesicht drückt Unzufriedenheit aus. „Im Augenblick weiß ich auch keine bessere Lösung, aber wenn wir einen Aufschub von ein paar Stunden erbeten hätten, wäre vielleicht einem von uns anderen noch eine bessere Idee gekommen."

Pamela sieht ihn verärgert an. „Man kann nicht immer warten, bis man eine bessere Lösung findet. Wir haben keine Zeit, wir müssen jetzt immer schnell handeln, nach kurzen Überlegungen."

„Hat sonst noch jemand eine Frage?" erkundigt sich Tobias.

Die anderen schüttelten den Kopf.

Der Kommandeur entlässt sie mit einem freundlichen Gruß. Beim Herausgehen murmelt Werner: „Gut, dass die Eltern der beiden Jungen nicht hier mit uns im Raumschiff sind, die hätten diesen Test sicherlich nicht gestattet."***

6. Kapitel

Hermes versorgt die beiden Jungen und ihre beiden Kinder Woino und Erike, die sich nach der Begrüßung auf freie Sessel gesetzt haben, mit frischen Früchten. Sie liegen bunt gemischt in einer großen Schale mitten auf dem Tisch. Einige von ihnen sind süß, einige bitter, wieder andere haben einen ähnlichen Geschmack wie Kartoffeln. Zum Trinken reicht sie ihnen frisches Quellwasser und verschiedene Teesorten.

„Bis Morgen müsst ihr euch leider hier in diesem Wohnwürfel verstecken", eröffnet ihnen Hermes. „Ihr bekommt nämlich ein paar Nasen- und Augenmasken aufgesetzt. Darum kümmert sich gerade Oscar. Mit euren winzigen Nasen würdet ihr unter uns zu stark auffallen. Außerdem besorgt er euch Erkennungs-Chips. Wir tragen sie alle unter der Haut, man kann sie programmieren und laden mit den verschiedenen Energien. Wir auf Acapolto erhalten sie immer direkt nach unserer Geburt. Die Chips liegen streng bewacht unter Verschluss in einem der Räume unseres Regierungsgebäudes. Nur ganz wenige Leute haben Zutritt zu diesem Raum. Das sind unsere Gouverneure und seine engsten Mitarbeiter. Und natürlich auch Oskar. Dem habe ich einen ganz speziellen Tipp gegeben. Da gab es nämlich einmal eine Lieferung von Chips, die einen bestimmten Materialfehler hatten. Sie lassen sich nämlich nicht mit allen Energien aufladen. Eigentlich hatte ich den Auftrag, sie zu vernichten. Aber ich bin ein sparsamer Mensch, und ich hatte mir gedacht, wer weiß, vielleicht kann man sie doch noch zu irgendetwas gebrauchen. Darüber weiß aber niemand außer mir und Oskar Bescheid. Und so habe ich ihm genau beschrieben wo er diese Ersatzchips finden kann. Natürlich wird man euch die Chips nicht einpflanzen, ich werde sie euch mit einem Spezialpflaster auf die Haut kleben."

„Das finde ich überhaupt nicht gut, dass man hier solche Chips tragen muss", findet Andreas. „Sind denn alle Einwohner von Acapolto hier damit einverstanden?"

Hermes sieht ihn verwundert an. „Darüber hat bei uns noch nie jemand nachgedacht. Das wird bei uns schon seit fast 3000 Jahren so praktiziert. Wir können da nichts Verkehrtes daran entdecken. Im Regelfall ist das ja eine Möglichkeit, unsere Energie zu verstärken, lediglich im Ernstfall, wenn Krieg wäre, wäre für den einen oder anderen diese Energie etwas unangenehm. Es wird dann nämlich eine besondere Frequenz eingeschaltet, die die Nerven manipuliert, in der Wirkung ähnlich wie Adrenalinschübe. Dadurch kann man aggressiver werden, und vor allen Dingen unruhig. Aber wenn man sich dann mit einer solchen Dosis, einem solchen Schub, wieder austobt, was auch bei Sport geschehen kann, so ist man in der Lage, sich wieder zu beruhigen."

„Welche Energien gibt es denn allgemein noch hier auf diesem Planeten? Das würde mich schon einmal interessieren." Michael sieht Hermes erwartungsvoll an.

„Da gibt es eine ganze Menge. Teilweise sind sie direkt in unserem Gestein vorhanden, teilweise entstehen sie dadurch, dass wir diese Steine in unterschiedlicher Weise gemeinsam miteinander verbinden. Dadurch können auch eine ganze Reihe mechanischer Effekte erzielt werden. Wir haben dann sehr viele Sender und Empfängersteine eingesetzt. So haben wir zum Beispiel einen Stein, der einen anderen immer weiter in Drehung versetzt. Diese Energien erleichtern uns die Arbeit enorm. Aber die großartigen, ganz besonderen Steine, das sind unsere magischen Steine. Wir gewinnen sie am Monte Magika, einem streng bewachten Berg. Seine Ressourcen sind nicht allzu groß, daher müssen wir sparsam damit umgehen, und dürfen nicht zu viel davon abbauen."

„Und was macht man jetzt mit diesem magischen Steinen?" erkundigt sich Andreas.

„Dieser Monte Magika hat zwei Arten von

Gestein. Am unteren Teil des Berges finden wir die Sensi. Die funktionieren noch besser als Computer, man lädt seine Gedanken in den Stein, der dann alles speichert. In einem solchen Stein ist auch die ganze Geschichte unseres Planeten gespeichert, aber auch große Denker, Forscher und Philosophen haben ihr Wissen in einem solchen Gestein gespeichert. Da dieser Stein sehr wertvoll ist, wird er nur für besondere, von einem Gouverneur genehmigte Zwecke verwendet. Von der Mitte und bis zur Spitze des Berges, besteht das Gestein aus einem anderen Material, diese Steine nennen wir die Runi. Man kann sie zum Herausfinden von Wahrheiten und zur Entdeckung der Geheimnisse nutzen, sie sind aus einem äußerst sensitiven Material."

Michael staunt. „Das finde ich ja cool, solche Steine sind doch richtig krass. Wie groß muss denn ein Stück sein, dass ein bisschen wirkt?"

„Das muss nicht groß sein, man kann eine ganze Menge von Wissen in einem kleinen Stein speichern. Und diese Runi sind enorm stark, wenn sie die Größe eines Daumennagels haben."

Und wer verwaltet diese Steine? Und wie kann man solch einen Stein bekommen?" möchte Andreas wissen.

„Das geht alles nur auf Antrag und für ganz

besondere Zwecke", berichtet Hermes.

„Wir haben mal einen solchen Stein bekommen", berichtet Woino stolz. „Das ist noch gar nicht so lange her, ich bin jetzt 13 Jahre alt, damals war ich 12, da hatten wir nämlich Besuch von einem anderen Planeten, dem Planeten Tremonts. Die Einwohner von dort sind sehr ängstliche, verschwiegene Wesen. Sie hatten einiges in ihrem Raumschiff, was unsere Energien gefährden konnte und wir hatten deshalb eine ganze Zeit lang auch atmosphärische Störungen. Später wurden auch einige unserer Energiequellen dadurch empfindlich gestört und wir baten die Tremontaner, ihren Störfaktor zu beseitigen. Leider waren sie nicht bereit, auf unsere Wünsche einzugehen, und so mussten wir selbst danach suchen. Erst mit einem Runi konnten wir dann im Raumschiff die Störquelle finden und entschärfen."

„Echt cool", meint Michael.

„Ja und pitto", fügt Andreas hinzu. „Und mit einem Sensi? Habt ihr damit auch schon etwas erlebt?"

Erike strahlt. „Und ob! Ich bin jetzt zwölf Jahre alt, und vor einem Jahr hatten wir in der Schule das Projekt „Kinder forschen". Da haben wir in unserer Gruppe herausgefunden, dass man mit Sensi auch die Gehirnströme und Gedankenwellen unserer Tiere aufnehmen kann. Auf diese

Idee war vorher noch niemand gekommen."
„Und? Was denken die Tiere?" erkundigt sich Michael.
„Das wird gerade im Forschungszentrum entschlüsselt", berichtet Erike.
Hermes unterbricht die Unterhaltung. „So, Kinder. Jetzt wird es Zeit für etwas Ruhe."
Sie führt die Jungen und Erike in verschiedene Zimmer. In jedem steht ein Bett in der Form einer Badwanne, in kleinen Waschkabinen, die sich an jedes der Zimmer anschließen gibt es Toiletten in Form von kleinen Sesseln und Duschkabinen in der Form von Hühnereiern.
„Wir haben früher auf Acapolto ein versteinertes Saurier-Ei gefunden, das diente uns zum Vorbild", erklärt Hermes.
„Macht euch fertig. Und wenn ihr im Bett seid, komme ich noch zu euch, ihr könnt dann kuscheln oder reden, ganz wie ihr wollt. Ich habe jetzt inzwischen noch ein wenig Arbeit mit den Vorbereitungen für euren Aufenthalt", wendet sie sich an Michael und Andreas und entfernt sich.

***

7.Kapitel

Andreasi und Micaelo sitzen sich im Konferenzraum des Kassa Grande gegenüber.

Der Gouverneur der Blauen Partei sieht den der Grünen Partei wütend an.

„Ich habe jeden Tag einmal das Raumschiff Zefir C 4 durchleuchtet, Es ist eindeutig zu sehen, dass dort jetzt statt 24 Menschen nur noch 22 Menschen sind. Was soll das bedeuten? Du hast Hermes und Oskar dorthin geschickt. Was ist passiert? Wo sind die fehlenden zwei Menschen?"

„Du musst dich getäuscht haben", entgegnet Micaelo. „Wahrscheinlich hast du im Raumschiff irgendjemanden übersehen, der schläft oder krank im Bett liegt, irgendjemanden in seiner Ruhephase."

„Nein, auf keinen Fall. Ich werde gleich hier auf Acapolto Sensoren einsetzen, damit Wesen gefunden werden können, die ohne Chip herumlaufen. Und ich warne dich, wenn ich hier jemanden entdecke, der sich hier unter uns befindet, werde ich dich zur Rechenschaft ziehen. Ich hoffe, du hast nichts getan, was wir bereuen müssen. Die Lage spitzt sich hier langsam zu."

„Keine Sorge, es läuft alles ordnungsgemäß ab", behauptet Micaelo. „Es besteht kein Grund zur Aufregung. Was spitzt sich denn zu?"

„In unserer Blauen Partei haben sich diejenigen von uns abgespaltet, die gegen eine Aufnahme der Menschen sind, und glaube mir, sie sind sehr aggressiv und drohen mit einem Kampf. Wenn du nun durch dein unbedachtes Handeln die Situation verschärfst, werde ich mich hinter meine ganze Partei stellen und dir eine Lektion erteilen. Ich hoffe also, dass du nichts mit dem Verschwinden der zwei Menschen zu tun hast!"

Micaelo wehrt lachend ab. „Nun mach mal nicht die Flugmäuse und Bremmies scheu! Ich habe alles im Griff."

„Das solltest du nicht auf die leichte Schulter nehmen, Micaelo! Von der Abspaltung ist nämlich, wie ich hörte, auch deine Grüne Partei betroffen. Ein geheimer Informant unterrichtete mich: Die Gruppe aus deiner und meiner Partei, die sich gegen die Menschen entschieden haben, wollen sich vereinen und nennen sich jetzt schon „Rigorosi"."

„Das ist ein sehr deutlicher Name", stellt Micaelo fest. „Ich werde versuchen, mit meinen Leuten zu reden. Nur weil dort oben im Raumschiff 24 Menschen sitzen, muss man nicht in Panik verfallen. Aber so etwas kommt vor, auf der Erde war es wohl auch nicht besser."

„Die Erde ist für uns ja auch kein Maßstab", findet Andreasi. „Ich werde jetzt jedenfalls auch mit meinen Leuten reden, auch mit den Rigorosi. Und bis Morgen verlange ich von dir einen Beweis, dass **sich** alle 24 Mensch an Bord der Zefir C4 befinden."

***

8.Kapitel

„Und? Wie fühlt sich das an mit einem Chip am Körper?" erkundigt sich Erike bei den beiden Jungen.

„Das Pflaster ziept ein bisschen, sonst merke ich nichts", teilt ihr Andreas mit.

„Ich spüre nichts", meint Michael.

„Gut", Woino macht ein winkendes Handzeichen, „dann kommt jetzt mit mir mit. Wir machen jetzt den ersten Versuch, unter die Acapoltaner zu gehen."

Sie wandern an den bunten Feldern vorbei durch einen großen Wald, der aus Laubbäumen mit dicken Blättern besteht.

„Glaubt ihr eigentlich an Gott?" erkundigt sich Michael.

„Was ist das?" will Erike wissen.

„So nennen wir in unserem Land den, der alles, was es gibt, hat entstehen lassen." erklärt Andreas.

„Ja, daran glauben wir auch. Wir nennen ihn den „Obersten Kommandeur". Die meisten Acapoltaner können ihn nicht sehen, aber wir können ihn fühlen im Herzen und in den Sensoren am Nacken. Ab und zu erzählt auch schon einmal jemand von hellen Augenblicken, in denen er gesehen wurde. Ich habe ihn noch nicht gesehen, aber wenn man will, bekommt man zu ihm eine ähnliche Verbindung wie durch die Chips zu unserer Regierungszentrale."

„Und warum steht ihr uns eigentlich nicht feindlich gegenüber wie andere von euch?" fragt Andreas.

Woino führt sie an einen Aussichtsturm. „Das hat sich so in den Genen über die Jahrhunderte entwickelt. Es gab immer viele, die etwas resistent wurden gegen die Energie- und Aggressionsschübe der Zentrale, die waren dann nicht so schnell reizbar. Wenn jemand aber unentwegt reizbar ist, wird er eine Weile versetzt zum Abbau der Metalle und Gesteine in die Mine, damit er sich dort abreagiert. Dafür bekommt man dort aber auch guten Lohn."

„Echt komisch bei euch`, findet Michael. „Bei uns würde man sagen: "krass". Und was ist das da für ein Turm? Dürfen wir dort hinaufgehen?"

Erike schüttelt den Kopf. „Nein. Dort oben sitzen einige Hüter für wild lebende Bremmies. Die beobachten den ganzen Tag, was die Bremmies machen und helfen ihnen, wenn es nötig ist. Wir dürfen sie dabei nicht stören."

„Haben diese Tiere denn keine Chips?" erkundigt sich Andreas.

„Doch!" weiß Woino. „ Aber sie sind nicht sehr intelligent, sie verirren sich manchmal in den Sümpfen, wenn sie sich auf der Suche nach einem Partner zu weit hineinwagen."

Hinter dem Wald taucht die Stadt auf.

„Das ist Treja, unsere Hauptstadt", Erike streckt den Daumen in Richtung der Wohnwürfel. „Dort können wir auch einkaufen."

Michael staunt. „Macht ihr das immer so? Zeigt ihr immer mit dem Daumen auf etwas? Wir machen das mit dem zweiten Finger, deshalb heißt er auch Zeigefinger."

„Wir machen das mit dem ersten Finger, deshalb heißt er auch bei uns „Zeiger", klärt ihn Erike auf. „Und merkt euch das für den ganzen Aufenthalt. Und wenn euch etwas gefällt, dann sagt…."

„…pitto", ergänzt Andreas.

Über Treja liegt ein grauer Schleier, der in Bewegung ist. Von weitem sieht es aus wie Schwärme von Vögeln. Beim Näher kommen erkennt man die Acapoltaner mit ihren winzigen Flugobjekten, die dort herumfliegen.

„Stoßen die nicht auch manchmal zusammen?" erkundigt sich Michael.

Woino schüttelt den Kopf. „Äußerst selten. Und wenn, dann passiert nichts Besonderes. Sie haben alle einen leichten, luftgefüllten Ring um den Bauch. Die Landung erfolgt sanft mit Magneten unter den Füßen und großen Saugnäpfen unter den Überschuhen. Damit haften sie weich auf dem Boden."

Michael staunt. „Werden wir auch einmal mit solch einem Flugobjekt fliegen?"

„Natürlich, werdet ihr das. Das können wir euch beibringen. Aber erst einmal werden wir jetzt sehen, ob man euch hier als Acapoltaner wahrnimmt. Wir werden jetzt in das Kaufhaus „Kauf-Gern" hineingehen, und ihr schaut euch alles an. Dann beobachtet ihr, wie wir uns verhalten und macht uns einfach alles nach. Wie klappt es jetzt mit den falschen Nasen? Auch noch alles okay mit den zugeklebten Augen?"

„Ja, alles Pitto", antworten Andreas und Michael wie aus einem Mund.

„Aber werden denn hier nicht die Chips kontrolliert?" erkundigt sich Andreas.

„Nein." Woino schüttelt den Kopf. „Das ist hier verboten, wegen der Privatsphäre. Es darf nicht kontrolliert werden, was jemand kauft. Nur wenn einer etwas gestohlen hat, wird sein Chip kontrolliert."

„Da wurden wir auf der Erde etwas mehr kontrolliert", weiß Michael. „Bei uns gab es Läden mit Bonuspunkt-Karten, da wurde dann alles genau registriert, was du gekauft hast."

Die vier Kinder sind am Kaufhaus, einem riesigen Würfel angekommen. Bein Eintreten ist es ihnen etwas mulmig zumute, denn an den Türen befinden sich eine Menge verschiedener Sensoren. Michael und Andreas halten kurz den Atem an. Ob man sie wohl jetzt entdeckt?

***

9.Kapitel

Werner klopft an die Cockpittür. „Darf ich hereinkommen?"

„Ja", ertönt es von drinnen.

Der Lehrer tritt ein und wendet sich an Tobias. „ Und? Hast du schon etwas von den beiden Jungen gehört?"

Der Kommandeur schüttelt den Kopf. „Nein noch nicht. Wir müssen uns in Geduld fassen. Es ist zu gefährlich, dort nachzufragen. Wer weiß, wer das dann alles mithören kann. Ich will das Leben der Beiden nicht gefährden. Es ist wirklich das Klügste, wenn wir abwarten."

„Das sehe ich aber nicht so, und einige der Passagiere sind ganz meiner Meinung. Wir haben uns entschlossen, nur einen Tag noch abzuwarten. Und wenn dann keine Nachricht von dem Planeten kommt, werden wir von dir verlangen, dass du etwas unternimmst. Es müssen ja nicht unbedingt klare Worte sein, aber du kannst ja etwas umschrieben und verschlüsselt nach Andreas und Michael fragen, so, dass Hermes und Oskar wissen, was gemeint ist."

Erneut schüttelt Tobias den Kopf. „Das kommt gar nicht infrage! Weißt du auch, was dort unten durch eine solche voreilige Unternehmung alles entstehen kann?! Streit, Chaos oder vielleicht sogar ein Krieg, unter dem nicht nur die Kinder, sondern auch wir Erwachsenen zu leiden hätten. Erinnere dich bitte an die Erde, wie du weißt, brachen die Menschen auch wegen einiger Nichtigkeiten einen Streit vom Zaun, und es gab für einen Krieg oftmals auch keinen vernünftigen Grund. Hast du etwa daraus nichts gelernt?"

Werner sieht Tobias verärgert an. „Diese Möglichkeit besteht sowieso seit unserer Ankunft. Aber da wir keinen Treibstoff mehr haben, und wie du weißt, auch unsere Vorräte fast aufgebraucht sind, müssen wir uns sowieso ganz auf die Gnade und Güte der Acapoltaner verlassen. Jetzt geht es aber um das Wohl der Kinder. Wer weiß, was mit ihnen da unten passiert?! Sie sind mittendrin unter ihnen."

„Das sind doch keine Menschenfresser", entgegnet Tobias. „ Die Acapoltaner sind zivilisierte Wesen."

„Was heißt das schon?! Weißt du, wie brutal manche angeblich zivilisierten Menschen auf der Erde waren? Denk nur an die Kampfgase, die im Krieg eingesetzt wurden, oder auch an die Flüchtlingsboote, die auf dem Mittelmeer warteten, auf denen die Menschen starben. Und sie waren alle von einer Erde." Seine Stimme bebt voller Aufregung.

„Die Acapoltaner sind viel sanfter", entgegnet Tobias. „Sie hatten in den vielen

Jahren nur einen einzigen Krieg. Und ich halte diese Hermes für sehr verantwortungsbewusst und vorsichtig. Sie weiß schon, was sie den Kindern zumuten kann, sie hat selber welche. Und ihr Chef, dieser Micaelo ist sehr intelligent, sein Plan kann funktionieren. Er will den Gegnern Fakten bieten. Er will ihnen Beweise liefern, dass ein Leben mit uns funktionieren kann. Das ist unsere Chance, sieh das doch endlich ein!"

Werner schüttelt den Kopf. „Nein, du irrst da gewaltig. Es ist unverantwortlich, die Kinder von uns zu trennen. Alles auf Acapolto ist ihnen fremd, sie können sich so leicht verraten. Man hätte sie erst einmal über alles informieren und unterrichten müssen. Und Gefahren sind sie dort auch ausgesetzt, da unten wimmelt es von diesen Flugobjekten, mit denen ein jeder herumfliegt."

„Gefahr gibt es immer und überall", antwortet Tobias aufgebracht. „Was ist den Leuten auf der Erde alles passiert: Autounfälle, verletzte Menschen bei Arbeit, Sport und Freizeitbeschäftigungen. Sie haben ungesund gelebt, geraucht, Alkohol getrunken und vieles mehr...Die Wesen auf Acapolto sind Vegetarier und kümmern sich um ihre Tiere. Da werden diese Bremmies, von denen sie uns Filme geschickt haben, nicht ausgesetzt oder in den Müll geworfen.

Sie kümmern sich um die Natur und sind sparsam mit ihren Ressourcen. Sie sind nicht verschwenderisch mit ihren Energien, und diese kleinen Flugobjekte stoßen keine Schadstoffe aus. Willst du dich vor diesen Wesen etwa fürchten?"

„Du musst bei jedem Wesen, das in Angst oder die Enge getrieben wird, mit allem rechnen", teilt ihm Werner mit. „Wir von der Erde bringen doch nicht die besten Referenzen mit. Bei uns gab es immer Krieg und Mord und Totschlag. Wir essen und misshandeln Tiere, misshandeln Kinder und kümmern uns wenig um ältere Leute. Vielen Menschen ging es nur um Ehrgeiz im Beruf und möglichst viel Geld auf dem Konto. Das weiß man von uns. Die Wesen auf Acapolto sind bescheidener, und so, wie es aussieht, haben sie sogar Freude an der Arbeit, weil sie Körper und Seele zu erhalten scheint. Das habe ich jetzt dem vielen Filmmaterial entnommen, das sie uns täglich schicken. Es ist doch da kein Wunder, dass sich einige fürchten, uns bei sich aufzunehmen. Sie müssen doch Angst vor uns haben! Selbst wenn wir nur 24 sind, könnten wir dort unten alles unterwandern. Und diese Angst kann sie dann zu ungewöhnlichen Reaktionen treiben. Also sorge dafür, dass etwas geschieht, sonst werden wir auch hier unsere Lager spalten, und dann ist dein Amt als Kommandeur gefährdet. Überleg es dir bis spätestens morgen."

Tobias schüttelt den Kopf. „An meiner Meinung wird sich morgen bestimmt nichts ändern. Ich sehe dies als einzige Chance an. Indem wir auf den Vorschlag von Hermes und Oskar eingehen, zeigen wir unsere Bereitschaft zum Frieden. Wenn dieser Plan mit dem Test gelingt, sind wir alle gerettet, und dann ist es auch zum Wohl von Michael und Andreas. Außerdem unterschätzt du die beiden immer wieder. Das sind clevere Jungen, die wissen genau, was sie tun. Und sie sind ja auch schließlich nicht allein. Dieser Hermes vertraue ich vollkommen."

„Ja, unseren Jungen und Hermes kann man vertrauen, aber sie sind nicht unfehlbar, aber du musst immer an die denken, die uns nicht wollen. Da kann es immer jemanden geben, der unberechenbar ist, und wenn erst einmal ein Feuer entfacht ist, kann es schnell weiter brennen", gibt Werner zu bedenken.

„Schluss jetzt, Ende der Diskussion für heute", beendet Tobias das Streitgespräch, „ich will davon nichts mehr hören. Du solltest lieber positiv denken. Mein Vater hat früher immer gesagt: Der Pessimist ist der einzige Mist, auf dem nichts wächst, und das habe ich im Laufe meines Lebens auch so beobachten können."

„Dann kennst du bestimmt auch den Satz:

„Vorsicht ist besser als Nachsicht"." Wütend geht Werner aus dem Raum.

***

10.Kapitel

Andreas und Michael haben mit Erike und Woino den Eingang des Kaufhauses „Kauf-Gern" passiert. Sie atmen auf. Kein Summen, kein Geräusch hat sie verraten. Langsam schlendern sie durch die Gänge.
Es gibt viele Ähnlichkeiten zu den Supermärkten der Erde. Selbstbedienungsregale wechseln sich ab mit Theken, an denen man bedient wird, dazwischen stehen große Automaten und preisen ebenfalls verschiedene Waren an. In den ersten Gängen finden sich Gebrauchgegenstände, auch Haushaltswaren, daran schließt sich die Lebensmittelabteilung mit den süßen und herzhaften Früchten an.
Woino bestellt in der Lebensmittelabteilung einen gemischten Wochenvorrat an Früchten und Erike bestellt in einer weiteren Abteilung eine Reihe von Getränken. Zur Bezahlung geben sie ihren Namen an, und legen ihren Daumen auf einen Sensor an der Kasse.
„Bei einer bestimmten Menge wird alles in die Wohnwürfel geliefert", berichtet Woino. „Ihr könnt natürlich jetzt hier leider nichts einkaufen. Eure Daumenabdrücke sind ja nicht registriert."
„Aber jetzt gehen wir noch zu den Süßigkeiten", entscheidet Erike und die

anderen folgen ihr.

In einer großen Halle werden viele verschiedene Sorten von Nüssen und alle Früchte in getrockneter Form angeboten. Woino kauft vier kleine Portionspäckchen und bezahlt per Daumenabdruck. „Dann haben wir etwas für den Heimweg", meint er und führt Erike, Michael und Andreas zurück durch die Hallen.

„Die Rechnung geht natürlich auf unsere Eltern, die können uns aber auch mit dem eingetragenen Daumenabdruck bevollmächtigen, bis zu einer bestimmten Höhe bestimmte Waren einzukaufen. Das gilt aber nur für Lebensmittel."

Bei den Spielwaren bleiben sie einen Moment stehen und sehen sich die Auslagen an. Es gibt dort Bälle, Baukästen und Bausätze, etliche Roboter und elektronisches Spielzeug, viel Lern- und Lesematerial und ganz viele Puppen, die alle aussehen wie kleine Acapoltaner in allen Größen.

„Warum habt ihr so viele Puppen?" möchte Andreas wissen.

„Die sind nicht nur zum Spielen, die brauchen wir auch in der Schule, und manchmal auch noch später zu Therapien und Gesprächen", erklärt Erike.

„Und was macht man zum Beispiel in der Schule damit?" fragt Michael.

„ Wir spielen ganz viele Situationen aus

dem Leben, so wie wir mit anderen Menschen umgehen, mit den Eltern, den Geschwistern und den Freunden zum Beispiel. So lernen wir auch so zu streiten, dass wir an ein Ziel kommen. Es wird viel mit den Puppen gespielt, auch die Erwachsenen machen das manchmal noch. Oft ist es ganz lustig und macht Spaß, weil wir dabei alle unsere Fantasie gebrauchen dürfen."

„Bei uns spielen oft nur die Mädchen mit Puppen", berichtet Andreas.

Erike lacht. „Warum denn das? Jungen müssen doch auch lernen, mit anderen umzugehen. Und sie wollen doch auch einmal nette Männer und nette Väter werden, oder?"

„Hm", macht Michael. „Das weiß ich jetzt nicht, ob das mit dem Puppenspiel zusammenhängt, aber ich glaube, bei uns gab es auch nette Mädchen und nette Jungen und Männer."

„Warum habt ihr denn keine Waffen, also Pistolen oder Gewehre oder Schwerter oder Ähnliches zum Kämpfen?" erkundigt sich Andreas.

„Was soll das denn sein?" fragt Woino zurück. „Wenn wir kämpfen wollen, diskutieren wir erst einmal, und wenn das nicht klappt, gehen wir zu anderen Acapoltanern und reden noch mal im Kreis der anderen und lassen uns raten und helfen. Und wenn das nicht klappt, lassen wir einen anderen entscheiden oder ziehen ein Los. Und wenn das mit einem Fremden passiert, gehen wir uns erst einmal eine Weile aus dem Weg. Wenn das aber in der Familie passiert, lassen wir uns von Familienhelfern Rat geben. Das müssen wir alle in der Schule lernen, und da sind wir wieder bei den Puppen angekommen. Und wenn einer wütend oder unbeherrscht ist, dann geht es erst einmal in die Sporträume oder auf die Sportplätze, da wird sich dann so lange ausgetobt bis man außer Puste ist. Das gilt dann für die Erwachsenen und die Kinder gleichermaßen."

„Und keiner will den anderen mal so richtig ärgern?" Andreas sieht Woino ungläubig an.

„Nein, warum denn auch?! Wir verbringen unsere Zeit lieber mit Spaß und lustigen Dingen oder mit Sport und anderen Hobbys. Neben Schule und Arbeit genießen wir gern die Zeit.…"

„Das Leben ist ja nur kurz. Wir leben hier im Durchschnitt 200 Jahre", klärt Erike die beiden Jungen auf.

Michael und Andreas staunen.

„Nach den 200 Jahren macht unsere Seele eine kurze Pause und dann werden wir in einem Babykörper neu geboren, und manchmal landen wir sogar in derselben Familie."

Die beiden Jungen staunen noch mehr.

„Also, das ist doch alles sehr merkwürdig bei euch. Aber wenn es jetzt doch einmal wieder Krieg gibt, wie wird dann gekämpft?"

„Die Energiezentren werden dann von der Regierungszentrale geladen und wir versuchen uns gegenseitig gefangen zu nehmen und in fremden Wohnwürfeln zu verstecken. Das ist dann sehr unangenehm, weil jeder lieber gern zuhause ist."

„Aber habt ihr denn überhaupt keine andere Waffe?" Andreas lässt nicht locker.

„Ja, doch", erzählt Erike. „Das sind die Frost-Lampen. Sie sind kleine runde Stäbe mit einer besonderen Energie. Wenn man sie auf die Hände des anderen richtet, werden die erst einmal unbeweglich, sie frieren sozusagen ein."

Sie sind am Ausgang angekommen. Sie haben die Schranke noch nicht ganz passiert, als sich ein lauter Summton bemerkbar macht.

***

11. Kapitel

Im Sitzungssaal des Regierungsgebäudes Kassa Grande sitzen sich Andreasi und Micaelo gegenüber. Sie sehen sich ernst in die Augen.

„Was hast du mir jetzt zu sagen, Micaelo?" beginnt der Kommandeur der Blauen Partei.

Der Gefragte beantwortet den durchdringenden Blick mit Gelassenheit.

„Was möchtest du wissen, Andreasi?"

„Ich will endlich wissen, was passiert ist. Es ist ganz eindeutig, dass oben im Raumschiff Zefir C4 zwei Personen weniger da sind, nach den Vergleichen mit den Bildern am Anfang sind es zwei Kinder, die fehlen. Wenn du mir nicht erklären kannst, wo die sind, werde ich die Runi benutzen, dann komme ich schon hinter deine schmutzigen Tricks."

Micaelo lächelt. „ Du weißt, dass wir den Tresor mit den Runi nur gemeinsam öffnen können. Und ich werde mein Einverständnis dazu nicht geben. Und auch das Tor zum Monte Magika können wir nur gemeinsam öffnen. Ich weiß aber auch gar nicht, warum du dich so aufregst. Vielleicht sind die Kinder gestorben, weil sie krank waren. Es wird ja auch Zeit, dass man sie endlich da oben rausholt."

Andreasi schüttelt den Kopf. „Auf gar keinen Fall. Die Rigorosi machen Anstalten, sich zu einer Revolte zu organisieren. Dann hätten wir sofort Krieg."

Micaelo runzelt die Stirn. „Das ist es ja eben. Genau daraufhin wollte ich dich auch aufmerksam machen. Die Rigorosi wissen nichts von dem angeblichen Verschwinden der beiden Personen dort oben an Bord. Trotzdem wollen sie Krieg. Das muss jetzt unser Problem sein, wir wollen doch Frieden für unsere Leute, Frieden für die Wesen auf unserem ganzen Planeten. Wir sollten zu ihnen sprechen und versuchen, ihnen zu erklären, dass sie auf dem falschen Weg sind."

„Was hätten wir schon für Argumente? Die Rigorosi werden die Menschen töten", vermutet Andreasi. „Sie sehen alles Fremde als feindlich an. Sie haben Angst, etwas Neues könnte ihre gewohnten Wege stören. Und wenn die Kinder der Menschen hier sind, und sie von den Rigorosi gefunden werden, wird man ihnen sicher nichts Gutes tun, das kann ich dir prophezeien."

„Ich glaube nicht, dass sie Kindern etwas tun, auch nicht den Kindern der Erde. Aber wir müssen versuchen, sie zu beschwichtigen, ihnen auch zeigen, dass die Erdbewohner nicht gefährlich sind", rät Micaelo.

„Und genau das wird nicht gehen", glaubt Andreasi. „Ich weiß nämlich, dass sie sich Anschauungsmaterial von der Erde angesehen haben. Und was da zu sehen ist, ist katastrophal. In den Jahrtausenden der Menschheitsgeschichte gab es immer schreckliche Kriege, Hass und Neid zwischen den Menschen. Weiße Menschen töteten Schwarze, und die schwarzen begannen sich zu rächen. Weiße Menschen töteten rote, auch die wehrten sich blutig. Sie hatten verschiedene Namen für den, der alles erschaffen hat und schlugen sich deswegen die Köpfe ein. Sie töten sich wegen Geld oder wegen einer Sache, die der eine besitzt und der andere nicht.

Da kann es einen nicht wundern, dass manche von uns Angst bekommen. Das musst auch du einsehen."

„Ich habe die Fotos aller Passagiere durch den Gesichtsscanner gezogen, sie wurden alle als wenig aggressiv eingestuft. Ein Einziger von ihnen hat die Aggressionsstufe 1, aber den könnte man besonders im Auge behalten. Ich denke, wenn man allen Menschen ein Chip einpflanzt, kann man sie gut im Auge behalten. Und für die zwei angeblich fehlenden Jungen übernehme ich die Garantie. Wenn etwas passiert, nehme ich das auf meine Kappe. Also bitte, reg dich wieder ab und gib mir die Hand zu einem friedlichen Abschluss. Wir müssen uns vermutlich ein wenig rüsten gegen einen möglichen Angriff der Rigorosi. Da brauchen wir all unseren Verstand und einen guten Zusammenhalt."

„Immerhin hast du mich davon überzeugt, dass wir wenigstens gegen die Rigorosi gemeinsame Sache machen sollten. Und das ist wohl jetzt das Wichtigste. Es könnte ja sein, dass sie sich schon bald gegen uns stark machen. Lass uns bis morgen nachdenken und Pläne schmieden, wie wir am besten mit ihnen umgehen, und was sie noch zur Räson bringen kann. Es darf auf keinen Fall zu einem Krieg kommen. Wenn sie hier regieren würden, hätten wir bald solche Zustände wie auf unserer Erde. Trotzdem musst du mir helfen, nach den Jungen zu suchen, denn stell dir nur einmal vor, sie wären hier und fielen den Rigorosi in die Hände. Das wäre doch eine Katastrophe für die Kinder. Und dann werden sie auch nicht mehr vor einem Krieg zurückschrecken. Und falls du wirklich an dem Verschwinden beteiligt sein solltest, werde ich dich später noch zur Rechenschaft ziehen." Er reicht Micaelo die Hand. „Dann bis Morgen."

***

12. Kapitel

Im Kaufhaus „Kauf-Gern" herrscht große Aufregung. Aus einer Seitentür eilen mehrere große Männer auf die Kinder Woino, Erike und die beiden Jungen zu, die erstarrt und mit Entsetzen in den Augen stehen bleiben. Ein Gedanke an Flucht schießt ihnen durch den Kopf, aber sie bleiben wie angenagelt stehen. Kurz darauf sind die Männer bei den Kindern angekommen, die das Schlimmste befürchten.

Doch dann geschieht das Unglaubliche. Die Männer laufen eilig an den Kindern vorbei bis auf die Straße. Dort wird jetzt ein Kind sichtbar und hörbar, das nach seinen Eltern weint. Die Männer trösten es und tragen es in das Kaufhaus, wo sich bald weitere Menschen um das kleine Mädchen kümmern.

Eine Durchsage aus einem Lautsprecher, der wie ein großer Mund aussieht, verkündet, dass nach den Eltern des kleinen Mädchens gesucht wird. Kurze Zeit später schließen die herbeigelaufenen Eltern ihr Kind glücklich in ihre Arme.

Woino, Erike, Andreas und Michael lösen sich aus der Starre des Schocks und atmen auf. Befreit verlassen sie das große Kaufhaus und treten den Heimweg an.

„Jetzt habe ich keine Lust mehr, euch heute

noch etwas anderes zu zeigen", bemerkt Woino. „Ich denke, wir gehen lieber erst einmal nachhause."

Erike protestiert. „Ach, nein. Ich möchte den beiden noch unseren großen Aussichtsturm zeigen, von dem man über die Sumpfgebiete bis hin zum Fluss sehen kann. Das ist sehr interessant dort, man kann von da aus auch riesige Bremmies sehen. Komm, Woino, sei kein Spielverderber! Der kleine Umweg schadet doch nichts."

Woino gibt nach. „Na gut, das können wir dann ja noch machen. Vielleicht können wir uns im Wald etwas entspannen."

Sie laufen dem Wald entgegen und ein ganzes Stück unter den hohen Bäumen entlang bis an eine Lichtung. Ein Surren von oben verlangt ihre Aufmerksamkeit.

„Was ist das?" Michael sieht hoch, die anderen folgen seinen Blicken.

„Ist das eine von euren Flugmäusen?"

Erike schüttelt den Kopf. „Nein, das sind Drohnen, die filmen und beobachten uns. Aber sie können uns nichts anhaben, solange die Pflaster mit den Chips bei euch noch richtig kleben und die Nasen und faschen Augenaufsätze noch richtig fest sitzen. Aber fangt jetzt nicht hier an zu kontrollieren, das wäre zu auffällig."

Sie wandern weiter durch den dichten Wald bis zur nächste Lichtung. Dort entdecken sie einen riesigen Turm aus Metall, der dem Eiffelturm in Paris ähnelt. Mit einem Aufzug gelangen sie auf die Aussichtsplattform. Hier entdeckt man das Ende des Waldes und sieht über das sich anschließende riesige Sumpfgebiet. Wenige Meter vor ihnen grasen die Bremmies in verschiedenen Größen, die größten mit der Statur eines ausgewachsenen Elefanten.

Michael und Andreas staunen. „Unglaublich solch große Meerschweinchen!" meint Andreas. Wieder kreisen Drohnen um ihre Köpfe, mal etwas tiefer, dann wieder etwas höher.

„Benehmt euch ganz unauffällig!" mahnt Woino. „Nicht nervös werden und keine Angst zeigen."

Andreas und Michael bemühen sich um ein ruhiges Verhalten und betrachten die Tiere, die friedlich durch die Sümpfe streifen. Ganze Familien der Bremmies in verschiedenen Größen ziehen an ihren Augen vorüber.

„Werden wir auch einmal zu ihnen gehen?" erkundigt sich Andreas.

Woino schüttelt den Kopf. „Nein, sie leben dort ganz mit der Natur. Nur ein paar Pfleger und Ärzte passen in der Regel aus der Entfernung auf sie auf. Wir wollen ihnen ihre Ruhe in ihrer natürlichen Umgebung gewähren.

Nur die kleineren Rassen der Bremmies, die wir als Haustiere halten, die könnt ihr später einmal anschauen und auch streicheln."

„Warum habt ihr denn keine Bremmies zuhause?" erkundigt sich Michael.

Unsere Mutter Hermes meint, wir hätten dazu keine Zeit. Und dann wäre es verantwortungslos, sich Bremmies zu halten. Tatsächlich hat sie sehr viel mit dem Gouverneur Micaelo und der Partei-Arbeit zu tun. Und wir machen sehr viele Botengänge für sie und auch für die Partei. Zusätzlich sind wir noch in verschiedenen Sportclubs, in denen wir uns gelenkig erhalten. Denn wir haben entdeckt, dass Sport etwas Wichtiges ist für Körper und Seele."

„Welchen Sport macht ihr denn?" möchte Andreas wissen.

„An-En ist ein wichtiger Sport bei uns, es geht vor allem um Körperbeherrschung, dass ist ein Anspannung und Entspannen der Muskulatur in Begleitung von Tönen. Und dann gibt es noch das Mannschaftswettspiel „Wally". Die Wally sind runde, ganz weiche Bälle aus dünnem Gummi, sie werden gerollt, geworfen und beim Gegner in einen Behälter gebracht, der dann automatisch zählt, wenn ein Wally wirklich im Ziel ist. Aber sie sind aus so dünnem Gummi, dass sie schnell platzen. Deswegen muss man sehr vorsichtig mit ihnen sein. Und wenn ein Wally platzt, gibt es einen Punkte-Abzug."

„Das hört sich lustig an", findet Michael. „Ein bisschen wie unser Fußball. Könnt ihr denn die Wallys nicht aus dickerem Gummi herstellen?"

„Natürlich könnten wir das, aber man soll ja lernen, vorsichtig zu sein. Sie werden absichtlich sehr dünn angefertigt, man soll auch Geschicklichkeit und Achtsamkeit lernen."

„Ich glaube, Achtsamkeit und Vorsicht konnte man beim Fußball auf der Erde weniger sehen, am ehesten noch Geschicklichkeit, am Ende, kurz bevor unser Raumschiff startete, war das wohl auch keim Spiel mehr, es ging um große Summen von Geld und Korruption und Doping, alles das, was nicht in Sport und Spiel gehört."

Erike hat eine Idee. „Wisst ihr was, wenn ihr Menschen euch hier auf diesem Planeten etwas erholt habt, dann fliegen wir alle zusammen zur Erde, und dort versuchen wir, sie wieder etwas ins Gleichgewicht zu bringen. Manchmal hilft es, ein bisschen zu schütteln", scherzt sie.

„Geschüttelt wurden die Menschen bei uns auf der Erde auch, da gab es Erdbeben und alles fiel zusammen, aber es hatte keinen Einfluss auf den Verstand der Menschen. Sie waren hinterher noch genauso dumm.**"

13. Kapitel

Im großen Zelt, nahe dem Monte Magika sitzen Toto und Bullo auf zwei Klappstühlen. Vor ihnen in einem Bildschirm erkennt man den Planeten Acapolto als Landkarte.

Sie trinken aus großen runden Flaschen mit langen Trinkhalmen ein rotes, aromatisch duftendes Getränk.

„Wir müssen schnell handeln", überlegt Toto, einer der beiden Anführer der neuen Partei der Rigorosi. Sein blaues Tuch, das er um den Hals trägt, deutet auf die Partei hin, der er vorher angehörte.

Bullo, der ein grünes Tuch um den Hals trägt, nickt. „Da bin ich ganz deiner Meinung. Sie dürfen sich auf keinen Fall vorbereiten, wir dürfen ihnen keine Zeit lassen. Ich bin dafür, dass wir noch heute losschlagen. Schließlich haben wir für diesen Ernstfall lange genug geprobt und uns vorbereitet. Keiner wird ahnen, dass wir alle unsere Roboter aus den Wohnwürfeln heimlich umgebaut haben, damit sie nun als lebendige Waffen arbeiten können. Ich bin dafür, dass wir jeweils fünf Stück von ihnen in die die geheimen Regionen des Monte Magika schicken, damit sie uns Runi und Sensi stehlen. Während wir weitere zehn zum Kassa Grande schicken, damit sie dort einige Frostlampen stehlen, fallen wir gleichzeitig mit den restlichen Computer-Armeen in die Randgebiete von Theja und Meso ein. Dort werden wir erst einmal ein paar Geiseln nehmen und sie hier in unsere Zelte bringen. Das wird dann fürs erste reichen. Dann verlangen wir, dass das Raumschiff abfliegt. Okay?"

„Da bin ich ganz deiner Meinung", antwortet Toto. „Es ist doch gut, dass wenigstens wir einer Meinung sind, nachdem mir mein Geheimagent gestern mitteilte, dass sich Andreasi und Micaelo nicht einig sind. Das stärkt unsere Position ungemein. Wesen, die sich uneinig sind, lassen sich viel schneller vereinnahmen. Ich habe mir auch schon überlegt, wen wir als Geiseln nehmen. Am besten Merkurio mit seiner Familie aus der Blauen Partei und von den Grünen nehmen wir Hermes und ihre Familie in Gefangenschaft. Sie sind beide die Vertreter der Gouverneure und somit rangmäßig die zweithöchsten Einwohner unseres Planeten. Und Kinder haben auch beide, da wird niemand riskieren, das Leben von ihnen aufs Spiel zu setzen."

„Das ist eine gute Idee", findet Bullo. „Die Entführungen werden wir persönlich mit Hilfe unserer Kampfroboter durchführen, so kann auch nichts schief gehen."

„Genau", stimmt ihm Toto zu. „Aber ich finde, wir sollten außer der Forderung, dass die Menschen von hier verschwinden, auch noch ein Raketello verlangen. Dann können wir die Abreise des Raumschiffes persönlich von oben überwachen und uns sicher sein, dass keiner hier bleibt. Weißt du das Code-Wort für den Safe mit den Frostlampen?"

„Nein, das habe ich noch nicht herausgefunden. Aber wenn wir einige Runi haben, dürfte das kein Problem sein. Die sind in der Lage, in wenigen Sekunden einen Code zu entschlüsseln. Die Daten speichern wir dann in den Sensi, und auch die Daten aller Geheimakten, die wir finden können. Das gibt uns viel Macht."

Toto nickt. „Ja, Wissen ist Macht. Damit sind wir den anderen überlegen. Hast du Einzelheiten, wie wir an unsere magischen Steine kommen?"

„Ja, ich habe schon alles bis ins Detail geplant. Die Kinder der Geiseln werden mit Hilfe der Roboter die Steine für uns holen, so gehen wir kein Risiko ein. Aber ich will noch nicht zuviel darüber reden. Gesprochene Worte sind flüchtig und treffen oft auf falsche Ohren." Bullo nimmt einen kräftigen Zug aus der Flasche. „Wann bist du fertig mit deinen Vorbereitungen?"

„Ich bin fertig mit allem", teilt ihm Toto mit. „Die Zelte für die Geiseln habe ich schon aufgebaut. Die Roboter zur Bewachung stehen auch schon daneben parat, sie sind aufgeladen mit hoher Energie. Von mir aus kann es jeder Zeit losgehen."

„Gut, dann wollen wir keine Zeit verlieren."
Bullo lehrt die Flasche mit einem Zug. „Aber ganz zufrieden bin ich noch nicht. Auf dem Filmmaterial der Erde habe ich gesehen, dass sie den Krieg oft mit irgendeiner großen Zerstörung beginnen. Sie haben dann Bomben geworfen, Gebäude zerstört oder Menschen getötet, um ihre Macht zu demonstrieren und zu zeigen, dass mit ihnen nicht zu spaßen ist. Sollen wir auch mit einer solchen Aktion beginnen? Das wäre doch ein guter Show-Effekt."

Toto überlegt. „Das Kassa Grande Gebäude wäre optimal, aber darin lagern zu viele wertvolle Gegenstände und Waffen in den Tresoren. Wir müssen etwas zerstören, das jeden persönlich betrifft, vielleicht ein Feld oder ein Kaufhaus, oder wir müssten die Brückenzugänge versperren."

„Nein, das ist es noch nicht. Es muss noch mehr Acapoltaner stören und betreffen." Bullo schließt zum Überlegen die winzigen Augen.

Toto springt auf. „Ich hab's! Wir fahren mit Bautraktoren über den großen Sportplatz, wo heute das Endspiel der Wally-Meisterschaft übertragen werden soll. Dort machen wir dann den Boden unbespielbar durch riesige Löcher. Na, ist das eine Idee oder nicht?!"

Bullo nickt bedächtig. „Das ist machbar und wird sehr wirkungsvoll sein. Dieses Endspiel will bestimmt fast jeder sehen, sie werden alle sehr böse sein, wenn es ausfällt, und wir zeigen damit, wie ernst es uns mit allem ist. Du bist ein kluger Kopf. Dann wollen wir einmal die Armee unserer Roboter in Alarmbereitschaft versetzen!"   ***

14. Kapitel

Als Andreas und Michael mit Woino und Erike im Wohnwürfel von Hermes ankommen, hat sie schon mit Hilfe der Roboter ein schmackhaftes Essen aus Obst und Gemüse zubereitet. Mit großem Appetit langen die Kinder zu und berichten von den Erlebnissen ihres Ausflugs, vom Ausblick des Aussichtsturms und dem Schrecken im Kaufhaus.

Hermes hört ihnen aufmerksam zu.

„Dann habt ihr heute eine ganze Menge erlebt und aufregend war es auch. Und vor allem bin ich natürlich sehr froh, dass ihr nicht aufgefallen seid. Die Idee von Micaelo scheint zu funktionieren, ich habe nun große Hoffnung, dass alles gut geht. Für später habe ich ein Spiel vorbereitet, dass wir zusammen spielen können. Oder wollt ihr lieber in der Übertragungsbox das Spiel der Wally-Meisterschaft ansehen?"

„Muss nicht sein", findet Erike.

Doch sie wird von den drei Jungen überstimmt. „Ja!" rufen sie wie aus einem Mund.

Ein Roboter räumt den Tisch ab und das Geschirr in die Spülmaschine.

Hermes lasst die Übertragungsbox von den Robotern hereinfahren und stellt den Kindern eine Schussel mit Nüssen auf einen kleinen Tisch.

Sie schaltet die Box mit einer Fernbedienung an. „Ich habe noch etwas zu arbeiten. Amüsiert euch gut."

In diesem Augenblick öffnet sich die Eingangsöffnung, begleitet von merkwürdigen Geräuschen. In Sekundenschnelle dringen zehn Roboter herein und bauen sich drohend auf. Dahinter erscheint Bullo, begleitet von weiteren Robotern. Er baut sich groß und drohend vor Hermes auf.

„Du musst jetzt genau das tun, was ich dir sage. Wenn du ruhig bleibst, nichts Falsches tust, dann geschieht dir und den Kindern nichts. Aber wehe, du tust nicht genau das, was ich dir sage! Dann sehe ich mich gezwungen, euch zu betrafen."

Hermes und die Kinder sehen ihn entsetzt und erschocken an.

„Was willst du von uns", fragt Hermes aufgeregt.

„Ich werde die Kinder mitnehmen, und bei mir behalten, bis ich von Andreasi und Micaelo die feste Zusage habe, dass das Raumschiff mit den Menschen an Bord weiterfliegt. Es wird den Kindern nichts geschehen, wenn du dich ruhig verhältst."

„Kann ich nicht mitkommen?" bittet Hermes mit einem besorgten Blick auf die Kinder.

„Auf keinen Fall", antwortet Bullo unnachgiebig. „Du kannst inzwischen mit den beiden Gouverneuren sprechen und dafür sorgen, dass sie unseren Forderungen nachkommen. Sobald als geklärt ist, werde ich dir die Kinder wiederbringen. Aber du hast doch nur zwei Kinder. Wer sind denn die anderen beiden?"

„Das sind Freunde... Freunde aus der Schule", antwortet Hermes schnell.

Bullo tritt näher an Andreas und Michael heran und stutzt. „Die zwei sehen irgendwie komisch aus. Ich werde sie auch mitnehmen."

Hermes protestiert. „Bitte nicht! Die Eltern werden sie vermissen."

Bullo sieht sie ungerührt an. „Umso besser. Umso eher werden Andreasi und Micaelo unsere Forderungen erfüllen."

Er lässt zwei Roboter neben Hermes stehen und beordert die Kinder und die Roboter zum Ausgang. „Die zwei Roboter lasse ich noch eine Weile hier, damit du keine Dummheiten machst. Also, wie gesagt. Solange ihr ruhig bleibt, passiert den Kindern gar nichts." Er folgt der Schar der Roboter und lässt Hermes hilflos zurück.

Draußen befiehlt er den Kindern in einen Lastentransportwagen einzusteigen, immer bewacht und umringt von Robotern.

Dann geht die Fahrt los, wohin, können die Kinder nicht erkennen, denn der Lastraum hat keine Fenster.

Eine Weile ist es ganz still, der Schreck wirkt lähmend auf die Kinder.

Dann scheint Erike wie aus einem bösen Traum zu erwachen.

„Das ist wirklich schlimm", findet sie. „Alle werden sich um uns Sorgen machen, und wer weiß, was die mit uns vorhaben? Wo mögen sie uns nur hinbringen?"

Woino sieht Michael und Andreas an. „Ich hoffe nur, dass dieser Typ nicht merkt, wer ihr seid. Wenn sie das entdecken, kann das ganz schlimme Folgen haben. Die sind gar nicht gut auf euch zu sprechen. Ich kenne nämlich diesen Bullo aus der Übertragungsbox. Er hat früher schon einmal versucht, andere zu beunruhigen und geheime Treffen zu veranstalten, auf denen nicht viel Gutes geplant wurde. Man sagt ihm nach, dass er ein altes Unzufriedenheits-Gen hat."

„Was ist denn das?" möchte Michael wissen.

„Wir kennen ja inzwischen alle Gene, die es hier bei den Acapoltanern gibt. Und irgendwann einmal, ganz am Anfang des Lebens auf Acapolto war hier eine sehr schwierige Zeit. Unsere Urahnen mussten sehr kämpfen um zu überleben. Es gab kaum Nahrung, die Wetterbedingungen waren katastrophal und jeder dachte nur an sich, um seine eigene Haut zu retten. Da entwickelte sich dann ein Kampf-Gen, das den Wesen beim Überleben half. Aber dann änderten sich die Zeiten. Das Wetter wurde gut, es gab wieder genug Nahrung und jeder konnte dem anderen ohne Neid alles gönnen. Es musste um nichts mehr gekämpft werden. Aber in den Wesen hatte sich ja das Kampf-Gen entwickelt, das nun nicht mehr gebraucht wurde. Daher begannen kluge Köpfe, einmal den Sport zu erfinden und zum anderen Therapien untereinander, damit sich dieses Kampf-Gen über die Jahrhunderte wieder zurückentwickelte. Das klappte auch sehr gut, und heute gibt es nur noch sehr wenige Acapoltaner mit einem latenten Kampf-Gen. Die sind aber alle erfasst und müssen sich von Zeit zu Zeit zu Therapien melden."

„Dann seid ihr aber ganz schön unter Kontrolle", meint Andreas.

„Es ist ja zu unserem Besten", findet Woino. „So haben wir einen optimalen Schutz."

„Ich glaube, das Pflaster, das meinen Chip festhält, sitzt nicht mehr richtig. Ich brauche dingend ein neues. Könnt ihr euch die Chips nicht selber entfernen?" erkundigt sich Michael.

Woino schüttelt den Kopf. „Nein. Die Babys erhalten einen Chip, jedes an einer anderen Stelle ohne eine Information, wo er eingepflanzt wird. Selbst mit Geräten zum Sichtbarmachen des Inneren ist ein Chip nicht sichtbar. Man kann ihn praktisch nur dann orten, wenn die Energien von der Zentrale eingeschaltet werden."

Der Transportwagen hält an, Bullo lässt die Kinder aussteigen und führt sie, begleitet von den Robotern, zu einem großen Zelt. Dort wartet Toto mit einer weiteren Schar von Kampf bereiten Robotern.

Im Zelt gibt es bunte Getränke zur Erfrischung, die auf kleinen Rollwagen stehen.

Toto begrüßt die Kinder mit skeptischem Blick. „Wieso sind es vier?" wendet er sich an Bullo. „Hermes hat nur zwei Kinder, das Mädchen Erike und den Jungen Woino."

„Diese beiden waren bei uns zu Besuch dort. Ich habe gedacht, es sei gut, sie auch noch zu entführen." Bullo reibt sich das Kinn.

„Sie sehen so anders aus", findet Toto und geht näher an Michael heran. Er reibt an den aufgeklebten Augenpartien, zupft an der Nasenmaske und hält schließlich die künstliche Nase in der Hand.

„Sieh mal einer an", staunt er. „Wen haben wir denn da? Das ist doch einer von den Menschen. Und der andere dort bestimmt auch." Er zupft solange an Michaels künstlicher Nase, bis er den künstlichen Aufsatz in der Hand hält.

„Kaum zu glauben! Und jetzt gesteht es: ihr seid aus dem Raumschiff Zefir C4!" wendet er sich an die beiden Jungen.

Michael und Andreas nicken stumm.

„Wir können sie töten", schlägt Bullo vor. „Dann haben wir es nur noch mit 22 Menschen von der Erde zu tun."

Toto wehrt ab. „Nein. Das wäre nicht klug. Sie können uns als Geiseln noch sehr wertvoll werden. Dann können wir auch den Menschen noch Forderungen stellen. Außerdem habe ich gerade eine geniale Idee." Er wendet sich an Andreas. „Man hat euch doch bestimmt mit einem Chip versehen, oder?"

Andreas nickt. „Ja, sie sind mit einem Pflaster aufgeklebt. Wir tragen sie auf der Haut."

Toto reibt sich die Hände. „Das ist genial. Etwas Besseres konnte uns nicht passieren. Diese beiden Jungen können uns enorm behilflich sein. Da sie keine festen Chips tragen, können wir ihnen diese leicht entfernen. Dann können sie für uns unbemerkt überall eindringen. Wir werden sie gleich zum Monte Magika bringen, wo sie uns alles das unbemerkt stehlen können, was wir brauchen. Sie können uns Runi und Sensi stehlen und später auch noch im Kassa Grande die Frostlampen."

„Das ist gar keine schlechte Idee", stimmt ihm Bullo zu. „Damit können sie uns wirklich behilflich sein. Wir haben nirgends Erfassungsgeräte für Chip-lose Wesen. So werden wir viel schneller zum Ziel kommen als nur mit unseren Kampfrobotern."***

15. Kapitel

Im Kassa Grande haben Micaelo und Andreasi ihre engsten Mitarbeiter zu einer Krisensitzung herbeigerufen. Aufgeregt stehen sich die beiden Gouverneure gegenüber, während die Parteimitglieder auf den langen Sofas sitzen.

Andreas wirft Michael einen wütenden Blick zu. „Jetzt ist alles eskaliert. Ich habe es kommen gesehen. Wir haben Krieg! Die Kinder von Hermes und Merkurio sind entführt worden von den Rigorosi. Außerdem ist der große Platz, wo das Endspiel der Wally-Meisterschaft ausgetragen werden sollte, komplett verwüstet. Wer weiß, was sie sonst noch vorhaben?! Sie haben eine ganze Armee von ausgebildeten Kampfrobotern. Was soll uns da noch helfen?"

„Das konnte man so nicht vorhersehen", entgegnet Micaelo. „Du kannst dir doch auch ausrechnen, dass sie diese Roboter nicht gerade erst jetzt gebaut haben. Solch eine Revolte ist von langer Hand geplant worden und nicht erst in den paar Tagen, seitdem das Raumschiff in unserer Nähe ist. Ich denke, sie waren immer schon eine Untergrundbewegung, die man nicht unterschätzen durfte. Nun haben sie das Erscheinen der Menschen zum Anlass genommen, hier alles durcheinander zu bringen, unsere Ordnung zu stören und haben nun sogar Personen entführt. Das dürfen wir nicht dulden. Wir müssen ihnen entgegentreten, und zwar mit allen Mitteln. Ich stelle mir vor, dass wir am besten auch unsere Frostlampen einsetzen."

„Denkst du, damit können wir die Roboter auch außer Gefecht setzen?" fragt Andreasi ungläubig.

Micaelo nickt. „Wenn wir die Frostlampen auf die höchste Stufe stellen, friert sicher auch der Motor der Roboter ein. Ich denke, wir haben da eine gute Chance. Aber wir müssen damit warten, bis sie eine Forderung stellen. Denn zuerst müssen die Kinder gerettet werden, das ist das oberste Gebot. Wir dürfen erst nach Beendigung der Geiselnahme eingreifen und sie in ihre Schranken weisen. Ich kann mir aber gut vorstellen, was die Rigorosi fordern. Sie wollen, dass die Menschen mit dem Raumschiff verschwinden."

Andreasi stimmt ihm zu. „Ja, das denke ich auch. Vielleicht sollten wir die Menschen dort oben informieren. Immerhin könnte es auch sein, dass die Rigorosi sich ein eigenes Raketello erbaut haben, irgendwo versteckt und damit die Passagiere von Zefir C4 bedrohen wollen."

Micaelo denkt nach. „Das glaube ich nicht. Dazu hätten sie Materialien stehlen müssen, hier im Kassa Grande oder am Monte

Magika. Das ist aber nicht geschehen. Aber so ist es auch schon schlimm genug. Ich teile jetzt den anderen unsere Vorgehensweise mit." Damit wendet er sich an die wartenden Acapoltaner, die sich erwartungsvoll von den Sofas erheben.

Er teilt ihnen mit, dass er und Micaelo beschlossen haben, erst einmal die Forderung der Rigorosi abzuwarten, dann nach erfolgreich beendeter Geiselnahme den Aufständischen ernsthaft entgegen zu treten.

Die Mitglieder der Versammlung zollen ihm Beifall.

Das Kommunikationsgerät in der Ecke leuchtet rot auf.

„Das ist eine Nachricht von den Rigorosi", vermutet Andreasi und nimmt den gedruckten Brief aus dem Schlitz. Er liest ihn flüchtig durch und fuchtelt dann wild mit den Armen. Wütend geht er auf Micaelo zu.

„Das kann ich doch jetzt gar nicht fassen! Ich habe es gewusst, ich habe es gewusst!"

„Was hast du gewusst?" will Micaelo wissen.

„Sie haben nicht nur die Kinder von Hermes und Merkurio, sondern auch zwei Menschen aus dem Raumschiff: zwei Kinder. Wie sind die an sie gekommen? Hast du etwas damit zu tun, Micaelo?"

Der Angesprochene zögert einen Moment lang. „Es ist so, wie du es vermutest hast.

Ich habe die Kinder hierher bringen lassen, um dir zu beweisen, dass man sie hier nicht bemerkt, und dass sie sich hier gut einfügen und mit den Acapoltanern gut vertragen. Meine Testaktion wäre auch nicht ans Licht gekommen, wenn Bullo und Toto nicht diese Entführung durchgeführt hätten. Hermes hat mir berichtet, dass die Kinder nirgends aufgefallen sind, und schon gar nicht unangenehm."

Andreas schüttelt den Kopf. „Das ist wirklich nicht zu fassen! Wie konntest du das gegen meinen Willen tun?! Wenn wir nicht gegen die Rigorosi zusammen halten müssten, würde ich dir glatt den Krieg erklären."

„Meine Idee war gut", verteidigt sich Micaelo. „Ich habe dabei an alles gedacht, die Kinder hatten falsche Nasen und aufgeklebte Augenpartien. Außerdem hatten sie sogar Chips."

Micaelo berichtet ihm, welche Chips benutzt worden sind und Andreasi staunt weiter und schimpft laut. Sprachlos ist er, als ihm Micaelo berichtet, dass man auch die Menschen in Zefir C4 vor vollendete Tatsachen gestellt hat, diese Maßnahme als einzig Mögliche dargestellt hat. Es dauert eine ganze Weile bis er sich wieder beruhigt hat.

„Gut dann müssen wir jetzt das Beste daraus machen. Offenbar war die Verkleidung der beiden Kinder der Erde doch nicht perfekt, sonst hätten sie auch Bullo und Toto getäuscht. Ja, die beiden Anführer der Rigorosi sind sehr schlau, deswegen müssen auch wir sehr vorsichtig vorgehen."

Ein zweiter Brief zeigt sich im Schlitz des Communicaters.

Diesmal erfasst ihn Micaelo und liest laut vor: „Die Geiseln bleiben solange in Gewahrsam, bis uns ein Vertrag zusichert, dass das Raumschiff mit den Passagieren der Erde weiter reist. Ein Vertreter unserer Partei wird sodann den Rücktransport der beiden jungen Menschen überwachen."

Andreasi stöhnt: „Ich habe es befürchtet. Das ist eine gemeine und unfaire Geschichte, Entführung, Erpressung und dann noch mit Kindern. Wir werden uns eine Bedenkzeit, ein Frist erbitten. So schnell können wir nichts planen."

In diesem Augenblick erscheint ein drittes Papier, das Micaelo ergreift und sogleich vorliest. „Nach Ablauf von einem Morgen und einem Abend erwarten wir eine Antwort."

Im Raum herrsch betretenes Schweigen.

„Es gibt nur eins", überlegt Micaelo. „Wir müssen erst einmal Zeit gewinnen und dann zum Schein auf die Forderung eingehen."

Andreas nickt. „Es bleibt uns keine andere Wahl."

***

16. Kapitel

Im Raumschiff Zefir C4 herrscht große Aufregung. Damas und Hermes haben den Passagieren über eine Art Bildtelefon den aktuellen Stand auf Acapolto mitgeteilt.

Tobias, Pamela und Werner haben sich zur Beratung in einen kleinen Raum zurückgezogen.

„Es ist eine Katastrophe", beschwert sich Werner. „Ich habe es ja gleich gewusst. Es war verantwortungslos, die Kinder allein auf den Planeten zu schicken. Wer weiß, was ihnen jetzt da unten geschieht, wenn sich dieser bedrohliche Zustand noch zuspitzt."

„Sie waren bei Hermes gut aufgehoben", versucht sich Tobias zu verteidigen. „Es war nicht vorherzusehen, dass diese Rigorosi diese Situation so für ihre Zwecke ausnutzen."

„Wir haben wirklich nur das Beste für alle gewollt", versucht Pamela den aufgeregten Lehrer zu beschwichtigen.

„Wir können hier oben nichts tun, das ist schrecklich", fährt Werner fort. „Die Kinder müssen doch schreckliche Angst haben."

„Wir können beten", schlägt Pamela vor.

„Die beiden Jungen sind schon immer sehr mutig gewesen", versucht Tobias zu trösten. „Sie sind sehr intelligent und haben während unserer ganzen Reise immer bewiesen, dass sie sich in jeder Situation zu helfen wussten."

In diesem Augenblick summt der große Bildcommunicater. Auf dem Schirm erscheint das Gesicht von Damas. „Ich habe eine Neuigkeit für alle. Die beiden Kinder von Merkurio wurden frei gelassen und sind soeben gesund zuhause angekommen. Es sieht also so aus, dass sich die ganze Lage etwas entspannt anstatt wie erwartet sich zu verhärten. Nehmt das also als gutes Zeichen. Wir bedauern, dass immer noch vier Kinder in der Gewalt der Entführer sind, und auch dass ausgerechnet die Kinder aus dem Raumschiff noch festgehalten werde. Trotzdem bitte ich um Geduld und Zuversicht. Ich werde mich melden, sobald es Neuigkeiten gibt."

Damas verabschiedet sich mit Höflichkeit.

„Also bitte", greift Tobias die tröstenden Worte auf. „Das hört sich doch sehr vielversprechend an. Die ersten beiden Kinder sind schon frei. Dann sind diese Entführer doch gewillt, die Sache zu einem positiven Ende zu bringen. Das macht sie doch schon sehr menschlich."

Werner hustet. „Also das Wort „menschlich" würde ich nicht als bezeichnend für ein Vertrauen erweckendes Verhalten sehen. Eine Mehrzahl der Menschen unserer Erde war am Ende alles andere als menschlich im positiven Sinn. Nun, trotzdem, hoffentlich können wir das als gutes Zeichen werten. Aber es freut mich für die Eltern dieser Kinder, denen sicherlich ein Stein vom Herzen fällt."

Pamela reicht den beiden Männern einen Kaffee." Zu den beiden Jungen Andreas und Michael habe ich auch sehr viel Vertrauen, bei der Gesamtheit der Acapoltaner bin ich skeptisch. Solche Typen wie Bullo und Toto scheinen doch unberechenbar zu sein. Sie scheinen es doch auf Acapolto alle recht gut zu haben, keiner hungert, jeder hat das, was er braucht, für die Vertretung unterschiedlicher Interessen sorgt das 2-Parteien-System. Könnten sie da nicht zufrieden sein. Warum müssen diese Rigorosi nur Unruhe stiften?!"

Werner nimmt einen Schluck Kaffee. „Das ist es ja, was überall zu den Machtkämpfen führt, der Hunger nach Macht. Einer will stärker sein als der andere. Aber das wiederum entspringt der Angst aller Wesen, ohnmächtig zu sein, vom Stärkeren angegriffen oder besiegt zu werden. Man muss diese Angst umwandeln. Angst in Selbstvertrauen und in innere Stärke. Das wäre schon einmal ein Anfang…"

„Und was sollen wir jetzt tun?" fragt Pamela.

„Wir können den Kindern nicht einmal helfen außer für sie zu beten.

„Ja, das können wir tun", stimmt ihr Werner zu.

„Dann betet ihr mal", Tobias leert die

Kaffeetasse. „Ich werde mich jedenfalls mit Damas zusammentun und fragen, ob wir von hier oben aus etwas helfen können. Die haben doch bestimmt jetzt einen Plan wie sie vorgehen wollen gegen die Rigorosi. Denn ich glaube nicht, dass sie mit dem scheinbaren Nachgeben auf ihre Forderung weit kommen. Die Rigorosi scheinen nicht dumm zu sein. Sicher planen Micaelo und Andreasi auch eine Befreiungsaktion. Schließlich wissen sie genau, wo sich die Kinder befinden, am Berg Monte Magika. Das müsste doch günstig sein für eine Befreiung der Geiseln."

„Ich hoffe nicht, dass sie die Kinder derart gefährden", wünscht sich Pamela.

„Wir müssen jede Minute mit den Gouverneuren in Kontakt bleiben", rät Werner. „ Damit sie sich nicht zu einer Kurzschlusshandlung hinreißen lassen. Wir sollten sie ständig beraten."

„Soweit sie das zulassen", gibt Tobias zu bedenken. „Wir sind hier die Eindringlinge, und wenn wir Pech haben, sehen uns jetzt einige dort unten als Ursache für diese Eskalation. Das macht uns nicht zu Freunden."

***

17. Kapitel

Nachdem Andreas und Michael die falschen Chips unter Aufsicht der Rigorosi von der Haut abgelöst haben, händigt ihnen Toto kleine Rucksäcke und Landkarten aus.

„So, ihr werdet euch genau an meine Anweisungen halten", weist sie Bullo an. „Glücklicherweise wird man euch so weder orten, noch finden können, während ihr unsere Botengänge vornehmt. Wir bringen euch jetzt zum Nebeneingang der Hauptmine des Berges Monte Magika. Dieser wird nicht von Lebewesen bewacht. Die kleine Pforte ist nur einen Meter hoch und hat elektronische Sicherungen. Wenn einer von uns Acapoltanern durch diese Tür tritt, wird er mit seinem Chip sofort erfasst und erkannt. Ihr aber werdet ungehindert in die Gänge und Höhlen hineingehen können. Jetzt werdet ihr auch verstehen warum ihr keine Telefone und keine Navigationssysteme mitbekommt. Ihr dürft nichts bei euch tragen, das erfasst werden kann.

Die Nebenpforte lässt sich mit einem Code öffnen, den einer unserer klügsten Roboter geknackt hat, denn der ist normalerweise gcheim, den wissen sonst nur die beiden Gouverneure Andreasi und Micaelo. Für die weiteren Türen im Inneren der Höhlengänge habe ich euch die Codes aufgeschrieben, die weiß ich alle, denn ich habe vor einiger Zeit dort selbst beim Abbau der Gesteine und Metalle geholfen.

Eure Aufgabe ist es, in der Höhle Taura 4 B zwei Tafeln der Sensi in den Rücksack zu packen, und zwar jeder eine. Hüllt sie in die beiliegende Tücher und geht vorsichtig damit um. Dann durchquert ihr weitere Höhlengänge bis zu der Höhle Nicolai 11 C, alle Höhlen sind mit Namen versehen, ihr könnt sie nicht verfehlen. Nach der Höhle 11 C seht ihr einen großen Raum, das ist die Höhle Macadamia 12. Dort befinden sich versperrte Türen. Es ist die mittlere Grenze im Berg, jenseits dieser Höhle führen wieder weitere Gange auf die andere Seite des Berges zu anderen Eingängen und Pforten. Auch zwei Aufzüge führen von dort aus auf die Spitze des Berges, der eine ist für Personen, der andere für das Gestein. Dort oben ist ein Landeplatz für alle Luftfahrzeuge, er ist bewacht von einer Truppe von Sicherheitskräften. Lasst euch nicht dort blicken, auch werdet ihr die Aufzüge nicht benutzen können, denn dazu braucht man einen Schlüssel. Also, falls ihr vorhaben solltet von da zu fliehen, es wird euch nicht gelingen. Dazu gibt es auch noch zu sagen, dass ihr in den offiziellen Höhlen und Gängen auch noch unwegsame Nebenhöhlen gibt. Von denen führt aber keine nach draußen, ihr wärt hoffnungslos verloren, wenn ihr euch da hinein verirrt, denn wir können euch so nicht orten."

„Habt ihr denn keine Wärmekameras?" erkundigt sich Michael.

„Nein, das brauchen wir nicht, durch unsere Chips sind wir ja immer gekennzeichnet. Die werden auch an jedem Eingang einer neuen Höhle erkannt und registriert. Das erspart uns alle anderen Erkennungsmethoden. Also, wie gesagt, wagt es euch nicht zu fliehen. Die Höhlen, die in Sackgassen enden sind alle gekennzeichnet und heißen Fini.

Also, in der Höhle Nicolai 11C findet ihr die Runi-Tafeln. Auch davon packt jeder eine schön eingewickelt in Tüchern in den Rücksack. Darin findet ihr auch etwas zu trinken und zu essen. In der Höhle Macadamia 12 findet ihr weitere Getränke und getrocknete Früchte. Ihr habt jetzt für drei Tage Proviant mit, und wenn ihr nicht trödelt, könnt ihr das in drei Tagen schaffen, mit den Sensi und den Runi wieder hier zu sein. Habt ihr das alles verstanden? Habt ihr noch Fragen?"

„Ist es in den Höhlen dunkel?" erkundigt sich Andreas.

„Ja, und normalerweise macht man sich dort dann Licht an. Aber das wäre zu riskant. Ihr habt Leuchtstäbe dabei, die halten normalerweise eine Woche lang, die müssten reichen, und sie sind nicht zu orten."

„Sind dort keine Überwachungskameras?"
erkundigt sich Michael.

„Nein, die funktionieren nicht wegen der
Magnetartigen Gesteine, selbstverständlich
funktioniert dort auch kein Kompass. Daher
werde die Haupteingänge von Personen
und Robotern gesichert, die beiden
Nebenpforten des Berges auf der linken und
der rechten Seite mit Codes. Also viel
Erfolg! Sonst noch Fragen?"

„Ja, wie kommen wir wieder heraus? Lässt
sich die Nebenpforte von innen einfach
ohne Code öffnen?"

„Das ist kein Problem. Von innen lässt sich
die Tür ganz einfach mit dem Schlüssel
öffnen, der dort neben der Tür in einem
großen Kasten hängt. Dort hängen 13
Schlüssel, es ist die Nummer 6, die passt.
Aber seht euch vor, wenn ihr einen anderen
benutzt, geht die Alarmanlage los.

„Sind sie nummeriert?" erkundigt sich
Andreas.

„Nein, sie benutzen diese Schlüssel immer
weiter der Reihe nach, jeden Tag einen
anderen. Ihr müsst am dritten Tag, wenn ihr
zurückkommt den sechsten von links
nehmen, der ist dann gerade dran. Ich habe
das mit einem Kalender immer weiter
nachgezählt, seit damals, als ich dort
arbeitete. Ein Spion, den ich kürzlich mit
einem Flugobjekt losschickte, um mir einige

Informationen zu verschaffen, gab mir darüber Bescheid."

„Warum habt ihr denn nicht den Spion beauftragt, die Sensi und Runi zu entwenden?" will Erike wissen.

„Personen, die dort nicht regelmäßig arbeiten, dürfen dort nur in Begleitung mit strenger Bewachung herein. Der Spion hätte nichts unbemerkt entwenden können."

„Wäre es nicht eine gute Idee, die anderen Menschen aus dem Raumschiff zu holen? Sie tragen alle keine Chips und könnten euch bei so manchem helfen", schlägt Andreas vor.

„Keine gute Idee", findet Toto. „Ihr Kinder seid vielleicht noch harmlos. Aber wer weiß, welche Banditen bei euch an Bord sind. Wir haben von der Erde genug Schlimmes gehört. Sie haben doch ihre eigenen Lebensräume und die Natur zerstört und dann auch noch ständig gegenseitig gekämpft. Nein, unser Planet soll friedlich bleiben."

Michael öffnet den Mund, um etwas entgegnen, aber er besinnt sich wieder. Die beiden Anführer der Rigorosi sehen nicht ais, als ließen sie sich leicht überzeugen.

Woino wendet sich an Bullo. „Was geschieht jetzt mit uns? Dürfen wir uns noch von unseren Freunden verabschieden?"

„Euch beide können wir jetzt hier nicht mehr gebrauchen, wir haben ganz andere Dinge zu tun, als euch zu überwachen. Wir bringen euch jetzt zum Carnac-See hinter dem Monte Magika. Dort könnt ihr dann in einer Hütte wohnen bis wir euren Eltern in drei Tagen Bescheid geben, dass sie euch abholen können. Und wagt euch nicht dort weg. In den Wäldern wohnen ganz wilde Bremmies! Ja, verabschieden könnt ihr euch noch voneinander, und wenn ihr das tut, was wir euch sagen, wird euch auch nichts passieren. Und in drei Tagen holen wir euch Menschenkinder von der Nebenpforte wieder ab. Bis dahin stellen wir ein paar Roboter dorthin, die euch in Empfang nehmen falls ihr früher wieder kommt."

Die Kinder verabschieden sich voneinander. Woino flüstert Andreas ins Ohr: „Ihr müsst aus dem Monte Magika fliehen. Es gibt einen Weg nach draußen. Es sind die Höhlengänge Fini 8 A und Fini 12 R, die in die Freiheit führen. Und um uns macht euch keine Sorgen! Wir werden vom Carnac-See aus fliehen. Ich kenne mich nämlich dort gut aus, ich war da schon oft mit meinen Eltern im Urlaub. Also flieht, sobald es möglich ist!"

Andreas nickt. „Gut, wenn du meinst. Wir wollen nichts, dass euch etwas wegen uns passiert."

„Keine Sorge", antwortet Woino und grinst. „Ich kenne mich hier auf dem Planeten gut aus. Und mein Vater hat mir alles beigebracht, was zum Überleben notwendig ist." Ich drück euch die Nase, so sagt man es hier, wenn man einem Glück wünscht."

„Ich dir auch, und pitto", antwortet Andreas.

Michael hat inzwischen von Erike auch den Rat bekommen, aus dem Monte Magika zu fliehen. Auch sie weiß von ihrer Mutter einiges über den Berg, was die politisch weniger Aktiven nicht wissen, da es nur in Geheimakten steht.

Toto mahnt die Kinder zur Eile. „So, jetzt aber los! Wir müssen gehen. Rucksäcke auf, und dann geht es erst einmal durch den Wald."

Mehrere Roboter eilen wie von selbst herbei und führen Andreas und Michael aus dem Zelt, in dem Woino und Erike in der Begleitung von Bullo und einer Schar von Robotern zurückbleiben.

***

18. Kapitel

Nachdem Michael und Andreas über einem schmalen steinigen Pfad durch ein wildes Waldgelände gewandert sind, entdecken sie hinter einem Busch, dessen rote Früchte süß duften, eine verwitterte kleine Tür.

Hinter einer Klappe befindet sich eine kleine schwarze Tastatur, auf der Toto einen Code eintippt. Wie von Zauberhand öffnet sich die Pforte, die beiden Jungen bücken, sich, um in das Innere der Höhle eintreten zu können.

„Gebt euer Bestes", mahnt der Acapoltaner und schließt das kleine Tor, während Andreas und Michael ihre Leuchtstäbe heben.

Der Gang ist hoch und breit wie ein Wohnraum, wird aber von den Leuchtstäben nur spärlich beleuchtet. Andreas entdeckt überall kleinere Löcher und Rohre. „Die sind wohl für die Sauerstoffzufuhr", vermutet er.

„Glaube ich auch", stimmt ihm Michael zu. „Und was hältst du jetzt von der Sache mit dem Fliehen? Meinst du wir könnten das schaffen?"

„Ich glaube, das müssen wir uns gut überlegen, und wenn wir es machen, gut planen. Ich denke, wir müssen uns erst einmal die Höhlen hier ansehen. Vielleicht ist es auch gut, wenn wir erst einmal diese beiden Höhlen Taura 4 B und Nikolai 11 C suchen, und uns einen Einblick verschaffen."

Michael nickt. „Ja, das glaube ich auch. Es ist wahrscheinlich auch besser, wenn wir uns zuerst die Sensi und Runi einpacken. Dann können wir immer noch sagen, wir hätten uns auf dem Rückweg verlaufen."

„Das ist richtig. Und wer weiß, vielleicht können uns die Sensi und Runi auch irgendwie selbst nützlich sein."

Die zweite Höhle ist etwas kleiner als die erste, sie leuchtet in hellem Grün. In Regalen stapeln sich schwarze Gesteine.

„Das sieht ja hier cool aus", findet Andreas. „Schade, dass wir nicht wissen, welche Eigenschaft diese Steine haben. Wer weiß, was man mit ihnen alles anstellen kann?! Ob man die mal anfassen kann?"

Michael wehrt ab. „Lieber nicht, es kann ja auch etwas Gefährliches sein."

Kurz vor dem Ausgang entdecken sie den ersten Eingang zu einer der Fini-Höhlen, ein helles Nummerschild mit einem Pfeil weist den Weg.

Sie sehen neugierig in den Gang hinein, aber er ist schmal und gewunden.

„Das wäre schon einmal nichts für eine Flucht", findet Michael.

Andreas stimmt ihm zu. „Viel zu eng und vermutlich ist er eine Sackgasse. Wir müssen auf die Fini 8 A und 11 R achten. Diese beiden hat mir Woino empfohlen. Gut, dass seine Mutter mehr weiß als Toto und Bullo, sonst hätten wir gar keine Chancen."

„Ich hatte erst befürchtet, dass wir hier Minenarbeiten, also Bergleuten begegnen, aber von Hermes und auch aus den Berichten von Acapolto weiß ich, dass sie mit ihren Vorkommen sehr sparsam umgehen. Der Abbau ruht im Moment, und das, was schon abgebaut wurde, befindet sich im Kassa Grande unter Verschluss."

„Dann müssen wir keine Angst haben, hier entdeckt zu werden. Es sei denn, es kommen Wachleute oder Kontrolleure."

„Das wollen wir nicht hoffen". Andreas beleuchtet die Decke, an der sich riesige Scheinwerfer befinden. Sie sind in alle Richtungen ausgerichtet.

„Damit kriegt man es ja richtig hell", vermutet Michael und tritt in die dritte Höhle ein. Andreas folgt ihm. Das waren ja bis jetzt nur kleine Höhlen. Wenn die alle so klein sind, brauchen wir keine anderthalb Tage bis zur Höhle Macadamia 12."

In der neu entdeckten Höhle ist ein großer Vorrat an Werkzeugen aller Art, die teils in Schränken, teil in Regalen, teils offen an den Wänden herumstehen.

„Ich denke mal, wir sollten diese Gegenstände lieber nicht berühren. Vielleicht können die dann dort von irgendeiner Überwachung aus erkennen, dass irgendetwas bewegt wird."

„Nein, das glaube ich nicht", entgegnet Michael. „Woino hat uns doch erzählt, dass die Strahlungen in den Höhlenräumen vor allen Überwachungsmethoden schützen. Hier funktioniert kein Infrarot, keine Wärmebildkamera, überhaupt keine Kamera und es funktionieren auch keinerlei Sensoren."

„Dann möchte ich mal wissen, wodurch die Tore sich öffnen, die wir noch durchqueren müssen. Toto und Bullo haben uns doch Codes mitgegeben."

„Dann kann dann nur irgendwie mechanisch funktionieren, wenn das Elektronische nicht funktioniert. Was mich interessiert ist, die Leute, die hier arbeiten, wie sind die denn miteinander verbunden, wenn telefonieren und funken auch nicht geht?" will Michael wissen.

„Wer weiß, was die für Strahlen und Strahlungen hier haben. Das ist hier viel extremer mit den ganzen Bodenschätzen. Ob hier der Berg auch noch versteckte Bodenschätze hat. Sie haben bisher offenbar noch nicht viel abgebaut. Das würde ich gern mal untersuchen."

Michael nickt. „Genau. Das wäre doch interessant. Eigentlich finde ich diesen Planeten auch ganz nett, und ich würde gern hier bleiben. An die Erde kann ich mich nicht mehr erinnern. Von den Filmen her weiß ich, dass die Natur eine viel größere

Vielfalt hatte, aber was hat das genutzt, wenn die Menschen die Natur verwüstet und ihre eigene Erde so malträtiert haben!"

„Ja, und ich bin das Reisen auch schon satt. Immer nur in dem Raumschiff! Natürlich haben wir es kaum anders gekannt, aber sich hier in der Natur zu bewegen, das gibt schon ein cooles Gefühl. Hier lernt man jeden Baum, jeden Stein, ja sogar jede Höhle, die man sieht, zu schätzen."

Auch in dieser Höhle entdecken sie einen Eingang der mit „Fini" beschriftet ist.

„Dieser Gang sieht schon weiter aus", findet Michael. „Aber wir bleiben lieber erst einmal auf der normalen Strecke."

In einer Ecke finden sie einen Automaten mit isotonischen Getränken.

„Echt pitto", meint Andreas. „Die denken wirklich an alles. Dann werden wir auf jeden Fall nicht verdursten."

Sie durchqueren voller Tatendrang fünf weitere Höhlengange mit der Nummer 3, alle tragen sie einen Zusatz von Buchstaben.

„Siehst du, jetzt kapiere ich auch die Logik" überlegt Michael. Alle Höhlen mit der gleichen Nummer haben auch den gleichen Inhalt." Er beleuchtet die Schränke und Regale.

Am Ende der sechsten Höhle mit der Zahl 3 entdecken sie die erste Tür.

Die Tastatur ist leicht zu finden, an der Seite

der Tür, zugedeckt mit einer einfachen Klappe.

„Dann wollen wir mal den ersten Code versuchen", beschließt Andreas. „Ich bin mal gespannt, ob sich die Tür öffnet.

***

19. Kapitel

Andreasi und Micaelo sehen sich den verwüsteten Sportplatz an. Am gegenüberliegenden Ende stehen zehn Kampfroboter von Bullo und Toto in Wartestellung.

„Wir können noch nichts unternehmen", meint Micaelo. „Aber es ist gut, dass wenigsten die Kinder von Merkurio wieder im elterlichen Haus sind. Ich bin sehr froh darüber. Das zeigt mir doch, dass Bullo und Toto nicht vollkommen schlecht sind."

Andreasi sieht ihn mit einem zweifelnden Blick an. „Darauf würde ich nicht bauen. Wer weiß, warum die das getan haben. Bestimmt nicht aus Mitleid. Ich glaube eher, dass sie mit den Beiden nicht klar kamen. Übrigens, Sie sind doch noch ziemlich klein."

„Ich überlege doch, ob wir nicht wenigstens das Stadion wieder zurechtmachen sollten. Es ist nicht gut, wenn wir uns als Gouverneure so ohnmächtig darstellen."

„Wer wäre in dieser Situation nicht ohnmächtig, Andreasi?! Aber unsere Bürger wissen, dass wir wegen der Kinder vorsichtig sein müssen. Und sie haben Verständnis, glaube es mir. Sie alle wollen die Kinder nicht gefährden. Ich bin dafür, dass wir Bullo und Toto jetzt mitteilen, dass wir noch etwas mehr Zeit brauchen.

Vielleicht können wir dann die Menschen, die sich noch auf Zefir C4 befinden, heimlich herunterholen und sie verstecken, so, wie ich das mit den Kindern auch gemacht habe. Ich halte das für möglich."

„Ich bin dafür, dass wir erst einmal unsere Macht beweisen", findet Andreasi. „Wir könnten mit unseren extra starken Magneten die Kampfroboter anziehen, dann mit den Frostlampen außer Gefecht setzen."

„Ich glaube nicht, dass wir sie mit den Frostlampen außer Gefecht setzen können", entgegnet Micaelo. „Aber ich weiß, dass sich an Bord der Zefir C 4 sehr viele Ingenieure und Techniker befinden. Sie kennen sich gut mit Magnetismus aus, weil es den auf der Erde auch in abgeschwächter Form gab. Aber abgesehen davon rate ich dir dringend ab, jetzt schon etwas gegen Bullo und Toto vorzunehmen, was sie erkennen können. Es ist besser, wir wiegen sie in Sicherheit und unternehmen hinter ihrem Rücken vorbereitende Schritte. Die Gefahr ist sonst zu groß, dass etwas eskaliert. Wenn sich Toto und Bullo in die Enge getrieben sehen, könnten sie noch gefährlicher werden. Das musst du bedenken."

Andreasi überlegt. „Ich bin wirklich nicht gern bereit, mich den Rigorosi gegenüber als so nachgiebig zu zeigen. Aber ich möchte die Kinder natürlich auch nicht unnötig gefährden. Also gut, dann lass Damas oder Hermes wieder zum Raumschiff bringen und versuche herauszufinden, ob die Menschen in dieser gefährlichen Situation überhaupt zu uns kommen wollen. Das ist ja schließlich auch nicht gesagt. Im Moment ist das noch eine Revolte mit einem Machkampf und einer Erpressung. Aber es kann schnell mehr daraus werden. Und die Zerstörung des Sportplatzes, sehe ich schon als Kleinkrieg an. Und als kriegerische Drohung. So etwas darf man wirklich nicht dulden."

Micaelo nickt. „Ja, wir haben beide Recht. Aber in solch brenzligen Situationen muss man immer das kleinere Übel wählen. Ich werde Oskar hinaufschicken zum Raumschiff. Hermes ist doch im Augenblick sehr in Sorge um die Kinder, da möchte ich ihr jetzt keinen zusätzlichen Stress machen."

„Gut. Dann werde ich Damas zu Bullo schicken, der ihn um einen kleinen Zeitaufschub bitten soll. Hast du auch eine Idee, wo wir die Menschen inzwischen verstecken sollen? Ich finde unser Regierungsgebäude sehr geeignet. Das Kassa Grande ist geschützt und kein Unbefugter kann hineinkommen. Hier gibt es auch alles was man bracht. Hier könnten die Menschen ein paar Tage leben."

Micaelo nickt. „Das ist eine gute Idee. Die

Rigorosi kennen unsere Eingangscodes nicht, niemand außer uns kennt sie, und so wird auch niemand Unbefugtes eintreten können. Hast du eigentlich noch einmal Nachricht von den Kindern bekommen, von Bullo und Toto, meine ich?"

„Bullo schickt alle drei Minuten einen keinen Film von wenigen Sekunden. Aber das beweist natürlich gar nichts. Die Filme könnten sie auch ganz am Anfang gemacht haben. Es gibt nichts darauf, woran man erkennen könnte, zu welcher Zeit die Aufnahmen gemacht wurden. Aber ich bin sehr dafür, dass wir trotzdem die Rigorosi nicht zu sehr unter Druck setzen sollten. Ich habe den Eindruck, sie sind nicht sehr nervenstark, und das kann in Extremsituationen gefährlich werden."

Andreasi stimmt ihm zu. „Da bin ich deiner Meinung. Toto und Bullo sind weder diplomatisch, noch darf man ihr Temperament unterschätzen. Wir müssen jetzt den klaren Verstand behalten und Ruhe bewahren. Das müssen wir auch gleich unseren Bürgern beweisen und der Presse einige beruhigende Botschaften mitgeben. Damas soll gleich für die Bürger beider Parteien etwas Gutes aufsetzen."

Die beiden Gouverneure reichen sich die Hand und verabschieden sich.

***

20. Kapitel

Gespannt blicken die beiden Jungen Andreas und Michael auf die geschlossene Höhlentür, die sich mit einem leisen Knarren öffnet.

„Geschafft!" ruft Michael aus. Die Beiden sehen sich erleichtert an.

„Wenn alles so weiter geht, müssen wir uns keine Sorgen machen", freut sich Andreas.

In dieser weiten Höhle lagert Gestein, das golden schimmert.

Staunend betrachten sie es und befühlen es vorsichtig mit den Fingern.

„Ob das Gold ist?" überlegt Michael.

„Es ist kaum etwas hier abgebaut", bemerkt Andreas. „Vielleicht ist das ja wirklich Gold, aber es ist ihnen nicht so wertvoll."

„Vielleicht gibt es hier soviel davon", rätselt auch Michael. „Oder sie besitzen noch andere, noch wertvollere Bodenschätze."

„Das ist gut möglich", antwortet Andreas. „Soviel konnte man ja auf der Erde auch nicht damit anfangen. Man hat ein bisschen Schmuck und Geld daraus gemacht, das Gold zu einem kleinen Teil für Technik und Medizin verwandt... Aber hier zum Beispiel diese Runi und Sensi, mit denen kann man doch viel mehr anfangen. Übrigens, ich sehe hier einen Tisch und Stühle, ich habe Hunger, wir sollten etwas essen."

Michael nickt, und die Beiden setzen sich an

den Tisch und packen den Proviant aus.

Er besteht aus Nüssen und getrockneten Früchten. Dazu gibt es kleine Energietäfelchen, die dem Traubenzucker der Erde gleichen.

„Hat sich dein Magen schon an die Nahrung auf Acapolto gewöhnt?" möchte Michael wissen.

„Ja, glücklicherweise gab es im Raumschiff nicht nur Pillen, sondern auch die haltbaren Ballaststoffwaffeln, die den Magen etwas im Training gehalten haben. Sonst könnte man die Früchte hier bestimmt nicht vertragen."

„Und am Anfang hatten wir noch viele Konserven", erinnert sich Michael.

Einen Moment versuchen sie sich an die Zeiten zu erinnern, die sie als kleine Kinder im Raumschiff verbracht haben.

„Das war alles so normal für uns", stellt Michael fest. „Aber nun gefällt es mir doch viel besser. Es ist alles so abwechslungsreich hier und man kann sich so schön frei bewegen.

Nach der kleinen Mahlzeit packen sie die Rucksäcke und brechen auf.

Am Ende dieser Höhle finden sie einen kleinen Waschraum mit Toiletten, auch einen kleinen Schlafraum mit Betten und einem Schrank.

„Es ist wirklich für alles gesorgt", findet Andreas. „Es fehlt einem hier nichts."

„Die Acapoltaner sind schon in Ordnung",

fügt Michael hinzu. „Nur so Typen wie Bullo und Toto, die haben noch allerlei zu lernen."

Michael und Andreas durchqueren Höhlen und Gänge, die in allen Farben schimmern, glitzern und leuchten. Ab und zu öffnen sie eine verschlossene Tür mit einem Code.
Endlich gelangen sie an die erste Höhle mit der Nummer 4. Taura 4 A schimmert in grauem Gestein, das noch unbeschädigt die Wände beschichtet. Sie ist einige Meter groß und sehr hoch und weitet sich zu beiden Seiten.
Die beiden Jungen durchqueren sie und erreichen ihr erstes Ziel: die Höhle mit der Nummer 4 B, Hier finden sie in Regalen gestapelt Anthrazit farbige Steinplatten in der Größe von kleinen Taschenbüchern.
„Das müssen sie sein, die Sensi", vermutet Michael.
„Genau", stimmt ihm Andreas zu. „Dann nimm dir mal e
Sie holen die Tücher aus den Rucksäcken und wickeln die Gesteinsplatten vorsichtig ein.
„Das wäre schon einmal geschafft", bemerkt Michael aufatmend. „Wir haben ziemlich lange gebraucht. Wollen wir lieber direkt weiter gehen?"
Andreas nickt zustimmend. Wenn wir versuchen wollen zu fliehen, ist die Zeit für uns sehr wichtig, dann dürfen wir gleich auch nicht lange schlafen."

Sie setzen sich die Rucksäcke wieder auf und wandern zügig weiter. Zur ihrer Überraschung gibt es die folgenden Nummern der Höhle nur in wenigen Buchstaben, so dass sie schon zwei Stunden später die Höhle Nikolai 11 C erreichen.

Auch hier finden sie Gesteinstafeln, diesmal in Farbe von grauem Schiefer, die sie in ihre Rucksäcke packen.

„Ich kann nicht verstehen, dass wir nirgends Fini 8 gefunden haben", bemerkt Andreas.

„Vielleicht war der Eingang doch hinter irgendetwas versteckt", vermutet Michael. „Vielleicht hinter einem Regal."

„Oder jemand hat ihn zugemacht", überlegt Andreas. „Dann ist jetzt unsere einzige Chance Fini 12 R. Wir müssen diese Höhle suchen, ich bin fest entschlossen, zu fliehen."

„Gut, dann wollen wir uns beeilen. Eigentlich wäre es Zeit, jetzt etwas zu schlafen. Aber ich bin gar nicht müde, im Gegenteil. Vermutlich wird hier mehr Sauerstoff zugefügt als man ahnt. Oder aber sie setzen dem Sauerstoff noch andere Muntermacher zu."

Michael lacht. „Ja irgendwelche unbekannten Vitamine oder Mineralien. Davon haben die ja hier genug. Wenn wir von allem wüssten, was es wäre, könnten wir uns von anderen Dingen auch noch etwas mitnehmen. Wenn wir wieder draußen sind, möchte ich gern einmal ein Labor besuchen, in dem diese Gesteine aus diesem Magischen Berg untersucht werden."

„Und jetzt nichts wie los!" mahnt Andreas.

***

21.Kapitel

Im Gemeinschaftsraum des Raumschiffes Zefir C4 herrscht Aufregung.

Alle Passagiere stehen erwartungsvoll im Raum und erwarten unruhig das angekündigte Erscheinen von Tobias, Pamela und Oskar.
Laute Gesprächsfetzen schwirren umher, die Spannung im Raum ist fühlbar.
Als sich die Tür öffnet, verstummen sämtliche Geräusche. Tobias, dicht gefolgt von Pamela führt Oskar herein und stellt ihn vor.
Die Anwesenden klatschen und der Acapoltaner lächelt ihnen freundlich zu.
„Oskar hat euch hier folgendes Angebot zu machen", beginnt Tobias. „ Wenn ihr alle damit einverstanden seid, können wir noch heute das Raumschiff verlassen. Da ein kleinerer Teil der Acapoltaner, wie er sagt, noch nicht damit einverstanden ist, ist es notwendig, dass wir noch für eine Weile im Regierungsgebäude versteckt werden. Oskar gibt allerdings zu bedenken, dass momentan auf Acapolto eine Spannung herrscht, die im Moment nicht ungefährlich ist, von der sie aber hoffen, sie bald entschärfen zu können. Ich überlasse jetzt Oskar das Wort."
Gebannt sehen die Passagiere auf den

grauhaarigen Mann mit der großen Nase und den kleinen Augen, der jetzt das Wort ergreift.

„Liebe Bewohner von der Erde, im Namen von Andreasi und Micaelo lade ich euch ein, mit mir den Planeten Acapolto zu besuchen. Euer Raumschiff haben wir bereits mit Magneten hier oben so fixiert, dass es euch nicht fortfliegen kann. Auf Acapolto könnt ihr euch dann erst einmal erholen und euch im Kassa Grande, einem riesigen Gebäudekomplex schon einmal ein wenig die Beine vertreten. Bei sehr vielen Bürgern unseres Planeten werdet ihr willkommen sein. Wir hoffen, dass sich der Rest der Acapoltaner uns noch anschließen wird. Und wir hoffen, dass der Tag kommt, an dem euch alle Bürger dieses Planeten willkommen heißen. Die beiden Jungen Andreas und Michael sind bestimmt froh, wenn ihr ihnen folgt. Als sie noch bei Hermes lebten, hat es ihnen sehr gut bei uns gefallen. Und wir werden versuchen euch zu integrieren. Seid ihr bereit, mir in das Raketello zu folgen?"

Werner meldet sich als erster. „Hier in unserem Raumschiff haben wir nicht mehr genügend Vorräte für längere Zeit. Mir hat es auch die ganze Zeit nicht gefallen, dass die Kinder allein dort unten sind. Ich fühle mich weitaus besser, wenn ich mich in ihrer Nähe weiß und vielleicht eine Möglichkeit finde, ihnen zu helfen. Natürlich gehen wir das Risiko ein, auf Acapolto in einen Krieg zu geraten. Das gab es auf der Erde allerdings auch in den schlimmsten Varianten, und diese Möglichkeit müssen wir auch auf weiteren Planeten in Betracht ziehen. Aber vielleicht können wir auch da helfend und beruhigend mit einwirken, wenn wir unsere friedlichen Absichten kundtun. Das ist meine Meinung", schließt er.

Eine rothaarige Frau meldet sich zu Wort. „Ich heiße Marie. Im Allgemeinen schließe ich mich Werner an, aber vorher habe ich noch ein paar Fragen. Die erste lautet. Wie sieht denn ein Krieg aus, wenn die Rigorosi einen beginnen? Wie und womit kämpfen sie? Gibt es Tote und Verletzte? Gibt es Bomben?"

Oskar sieht die Fragende an. „Die Rigorosi haben sich Kampfroboter gebaut, mit denen man sehr viel machen kann, auch sehr viel zerstören. Natürlich könnte man sie auch gegen Menschen und Acapoltaner richten, um sie zu töten, aber was hätten die Rigorosi davon? Viele Bewohner auf Acapolto halten den Planeten instand und versorgen sich gegenseitig. Dadurch geht es ihnen gut. Hätten wir weniger Bewohner, würden wir nicht so gut versorgt, wären wir nicht so reich. Bei einer Machtdemonstration reicht es auch, wenn Dinge zerstört werden. Es besteht also kein

Grund, um das Leben zu fürchten, denn bei Toto und Bullo kommt es auf die Machtdemonstration an. Sie wollen bestimmen. Sie wollen, dass das getan wird, was sie wollen. Das ist pure Dummheit, denn wenn sie regieren, können sie auch nichts besser machen. Unser System funktioniert nur so, wie es ist. Unser soziales Gefüge funktioniert so und ist gut. Wenn man es anders macht, leiden wir alle. Es gibt keinen Hunger und keine Not. Wir sparen mit unseren Ressourcen, damit unser Planet noch lange bewohnbar ist. Es gibt natürlich noch andere Waffen. Wir haben die gefährlichen Frostlampen, damit kann man alles einfrieren, was sich einem in den Weg stellt, aber die sind in sicherer Verwahrung. Damit könnte man natürlich den Acapoltanern und Menschen gleichermaßen schaden."

Werner meldet sich erneut. „Und andere Waffen gibt es wirklich nicht?"

Oskar schüttelt den Kopf. Unsere Metalle werden überall registriert, das hätten wir bemerkt. Und im Gebiet der Rigorosi gibt es keine Metalle. Das einzige, was sie dort haben, ist ein großes Forschungslabor im Bereich der Lebensmittel für Tiere, und das wird bei ihnen von Robotern überwacht. Aber das können wir uns in den nächsten Tagen einmal durch einen Spion ansehen, damit von dort keine Gefahren kommen.

Habt ihr sonst noch Fragen?"

Er blickt in die Runde.

Werner meldet sich noch einmal. „Das beruhigt mich absolut nicht. Wenn diese Rigorosi heimlich Roboter bauen konnten, können sie auch heimliche Gifte oder chemische Kampfmittel herstellen. Wie war es denn möglich, dass sie diese Kampfroboter heimlich herstellen konnten."

In Oskars Gesicht spiegelt sich Bedauern.

„Das tut mir wirklich leid. Und es tut uns allen leid. Die Roboter werden allgemein gebaut nach Verordnungen der Regierung in Fabriken. Jeder Haushalt kann einige beantragen, Werkstätten und Geschäftshäuser ebenfalls. Sie haben einige große Hallen, in denen Roboter parken, so wie Parkhäuser. Unten befinden sich die Werkstätten für Reparatur. Aber sie haben sie heimlich unterkellert und dort die Umbauten vorgenommen. Dazu hat einer unserer führenden Ärzte eine interessante Theorie."

„Und die wäre?" erkundigt sich Marie.

„Diese Arbeiter bei den Robotern arbeiten alle in künstlichem Licht. Dieses Licht, das wir erzeugen, scheint nicht gesund zu sein. Es scheint unsere Bürger aggressiver zu machen. Denn in diesen Werkstätten gibt es die meisten Rigorosi."

„Eine interessante Theorie", findet Tobias.

„Wir werden uns dieses Licht gern einmal

bei euch ansehen. Vielleicht können wir euch helfen. Bei uns auf der Erde gab es nämlich Lichtquellen, die unschädlich waren. Mir ist jedenfalls nichts über das Gegenteil bekannt. Hat sonst noch jemand Fragen an Oskar?"

Als sich niemand meldet, fährt er fort: „Gut, dann haben wir alles geklärt und wir sind uns einig. Und jetzt bitte ich euch, zur Ausstiegsluke zu gehen, damit uns Oskar freundlicherweise in das Raketello geleiten kann."

***

22. Kapitel

Weit draußen am Ufer des Carnacsees streifen Woino und Erike durch die hohen Gräser.

Hinter ihnen liegt das Bootshaus, dass ihnen Toto und Bullo als Aufenthaltsort vorgeschrieben haben.

Mit der Information, dass sich überall in den Sümpfen große und wilde Bremmies aufhielten, hatte sie Bullo gewarnt, sich aus der Nähe des Bootshauses zu entfernen.

„Meinst du, du findest den richtigen Weg?" fragt Erike bang.

„Ich bin ganz sicher, dass ich den richtigen Weg weiß", antwortet der Bruder. „Ich bin hier schon so oft gewesen und kenne jeden Weg im Schlaf. Mach dir also keine unnötigen Sorgen. Ich hoffe nur, dass wir genug Vorrat für den Weg mitgenommen haben, denn es ist eine ziemlich weite Strecke durch die hohen Gräser an den Sümpfen vorbei. Ich hoffe nur, dass uns nicht wirklich allzu viele Bremmies begegnen. Ich habe nämlich da eben, als sie uns hierher gebracht haben, etwas mit angehört, das nicht für unsere Ohren bestimmt war."

„Was hast du denn gehört? Und wer hat etwas gesagt?" Erike sieht den Bruder besorgt an.

„Zwei von den Rigorosi haben sich

unterhalten. Und einer hat zum anderen gesagt:„Morgen muss ich wieder die Bremmies an den Velo-Sümpfen mit diesem neuen Extremfutter bedienen. Davon sind sie ja in der letzten Zeit riesig gewachsen und sehr aggressiv geworden". Und der andere Rigorosi hat geantwortet: „Da hat Toto wirklich etwas herstellen lassen, was ungeahnte Folgen haben kann. Ich finde es sehr unverantwortlich von ihm, zumal er keine Gegenmittel erfunden hat. Es gibt nichts, was die Bremmies wieder schrumpfen lässt, und es gibt auch nichts, was ihre Aggressivität wieder zurückgedrängt. Wo soll das noch hinführen? Schließlich ist das Futter in den Sümpfen auch nicht so geartet, dass es für den Hunger so großer Tiere

wieder schnell genug nachwachsen kann." Deswegen bin ich schon etwas beunruhigt. Aber wenn wir uns neben den Sümpfen aufhalten, ist es nicht so gefährlich. Die Bremmies gehen ja nicht gern in die trockenen Gräser, das hoffe ich jedenfalls."

„Womit könnten wir sie denn verjagen, wenn wir ihnen begegnen? Hast du damit schon Erfahrung gemacht?"

Woino schüttelt den Kopf. „Nein, ein so riesengroßes Bremmi ist mir bis jetzt noch nicht begegnet. Aber ich könnte mir schon vorstellen, dass sie Furcht bekommen, wenn man sich ganz groß vor sie hin stellt, vielleicht die Arme hebt oder sie weit ausbreitet. Das würde ich jedenfalls probieren, wenn wir eins sehen."

„Und woran orientierst du dich jetzt hier eigentlich", erkundigt sich Erike.

„An den verschiedenen Nussbäumen und Büschen", der Bruder zeigt auf einen Strauch: „Hier! Hier siehst du diesen Busch. Ich betrachte den Stamm und die Zweige. Jeder sieht anders aus. Sie haben alle eine bestimmte Figur, mit Bauch und Kopf und Armen. Die habe ich mir früher immer gemerkt, als ich hier lang gegangen bin. Jetzt sind sie vielleicht etwas höher und breiter geworden, aber ihre Grundfigur haben sie behalten. Und ich habe auch noch nicht gesehen, dass sie einen von diesen Bäumen hier aus diesem Naturgebiet entfernt haben. Es ist ja verboten, und glücklicherweise haben sich alle Acapoltaner bisher daran gehalten."

„Dann hast du hier ein fantastisches Gedächtnis, und wenn du dir solche Dinge gut merken kannst, bist du ja ein lebender Sensi. Das könnte ich nie, mir die Baumgerüste von Sträuchern und Büschen merken."

Woino lacht. „Vielleicht ist es nur ein Trick, durch den ich das kann, meistens merke ich mir Bilder in einzelnen Teilen und setze sie dann wieder zusammen. Das macht mir einfach Spaß, und ich denke, ich werde mir auch einige Berufe aussuchen, bei denen man das gut gebrauchen kann. Schau nur, dort steht der besondere große Nussbaum, den ich als Kind so gern hatte. Er hat sich nicht viel verändert. Er sieht aus wie ein lustiger Mann, sehr groß, und der ähnelt einem Lehrer, der mir einmal das Wally-Spielen beigebracht hat."

„Dann sind wir auf dem richtigen Weg", freut sich Erike. „Was denkst du denn, wann die Rigorosi bemerken, dass wir fort sind. Hast du auch eine Ahnung, ob sie uns hier kontrollieren wollen oder ob sie einfach unseren Ängsten vertrauen und uns in Ruhe lassen, bis sie unsere Eltern zu uns schicken?"

„Ich habe gehört, dass sie nach einem Tag jemanden losschicken, der nach uns sehen soll. Aber da habe ich ein bisschen vorgesorgt. Ich habe schnell noch einen Zettel hingelegt, mit der Bemerkung, dass wir gerade in den nahen Büschen sind und uns mit weiteren Nüssen versorgen. Ich denke mal, dass sie ja nicht überall herum suchen können, und es eine ganze Weile dauern wird, bis sie bemerken, dass wir uns aus dem Staub gemacht haben. Bis dahin haben wir schon einen großen Vorsprung, und sie wissen ja auch nicht, in welche Richtung wir gegangen sind. Und dann könnten sie ja immer noch auf die Idee kommen, dass wir uns einfach nur verlaufen haben."

Erike freut sich. „Du hast wirklich an alles gedacht. Sie sind ja auch nicht schneller als wir, obwohl sie lange Beine haben. Das nutzt ihnen aber gar nichts, weil man hier zwischen den hohen Gräsern sehr aufpassen muss, dass man nicht in ein Loch tritt oder sich in einem Dornengestrüpp verheddert. Ich glaube sogar, wenn man schnell geht, ohne aufzupassen, dass man sich zu sehr in diesen Behinderungen verheddert. Jetzt bin ich wirklich wieder fröhlich, ich könnte glatt ein Lied singen oder pfeifen. Wie gut, dass ich so einen klugen Bruder habe!"

***

23. Kapitel

Michael und Andreas verlassen die Höhle mit der Kennzeichnung Nicolai 11 C, öffnen erneut eine verschlossene Tür mit einem Code und suchen nach den Höhlen, die die Nummern 12 tragen. Die Reihe beginnt gleich nach der Höhle 11 E und zieht sich eine ganze Strecke durch den Berg. Einige sind winzig klein und nur als Baderäume eingerichtet. Dazwischen gibt es ein paar Schlafkojen und ein paar Höhlen mit fest verschlossenen Schränken.

Vergeblich suchen sie nach der Höhle Macadamia 12 und nach einem Tor zu einer Höhle der Aufschrift 12 R.

„Was ist nur hier los?" überlegt Michael. „Das kann doch gar nicht sein. Es können doch hier nicht zwei Höhlen einfach verschwinden."

„Nein, diese Höhlen sind bestimmt nicht zugemauert worden", vermutet Andreas.

„Das glaube ich auch nicht. Schließlich gehen doch von der Höhle Macadamia die Aufzüge nach oben auf die Spitze des Berges. Und die Fini haben wir auch bis auf die eine alle gefunden. Warum sollten sie hier auch irgendetwas ändern oder Höhlen zumachen?! Ich glaube, sie sind von irgendetwas verdeckt und versteckt. Wir müssen noch einmal alles ganz genau durchsehen. Am besten gehen wir jetzt noch einmal durch alle Höhlen mit der

Nummer 12 wieder zurück. Du leuchtest die Wände auf der linken Seite und ich die auf der rechten Seite ab. Wir waren, glaube ich, nicht ganz so sorgfältig, und diese Leuchtstäbe bringen ja auch kein Licht in die gesamten Höhlen."

„Na gut, aber wenn wir nichts finden, müssen wir wieder zurückgehen. Ich will nicht in eine falsche Höhle geraten, in der wir dann fest stecken."

Die beiden Jungen sehen sich etwas enttäuscht an. Andreas versucht, sich und seinem Bruder Mut zuzusprechen. „Es wird schon klappen, wir haben bis jetzt doch auch alles geschafft. Lass uns einfach ganz sorgfältig suchen. Wir haben doch noch einiges an Zeit. Wir müssen uns nicht beeilen."

Michael und Andreas beginnen, eine Höhle nach der anderen ausgiebig mit den Leuchtstäben zu inspizieren. Nachdem sie drei Höhlen gründlich untersucht haben, machen sie eine Pause und erfrischen sich mit dem Proviant. Sie lassen sich nicht viel Zeit, denn sie vermuten, mit dieser sorgfältigen Suche doch eine Menge Zeit zu verlieren.

In der vierten Höhle stößt Andreas plötzlich auf ein Regal, das nur mit wenigen Steintafeln bestückt ist. Er macht seinen Bruder auf seine Entdeckung aufmerksam. „Komm hilf mir doch mal schnell. Ich glaube, ich habe etwas gefunden. Lass uns mal diese Steintafeln in ein anderes Regal tragen. Dieses Regal scheint kein normales zu sein. Es sieht aus, wie eine Tür."

Michael eilt schnell herbei. Gemeinsam lehren sie das Regal und entdecken eine kleine Öffnung.

„Hier!" ruft Michael erfreut aus. „Das sieht aus wie das Loch von einer ganz normalen Türklinke. Wir müssen schauen, ob wir hier irgendetwas Ähnliches finden, was da hinein passt."

Nach einigem Suchen entdecken Sie unter einem weiteren Regal ein gebogenes Metallstück, das an einem Ende einige Kanten und Zacken hat.

„Das ist es!" freut sich Andreas mit seinem Bruder. „Das ist genau das, was wir suchen."

Michael steckt das Metallstück in die Öffnung und dreht daran, im selben Augenblick tritt das Regal hervor, das an einer versteckten Tür befestigt ist.

„Aber woher wissen wir jetzt, dass das die Fini mit der Nummer 12 R ist?" zweifelt Michael.

Andreas untersucht die Tür und das Regal genauer. „Schau mal! Dieses Regal hat zwei Böden und hier hinten auf dem untersten Regal sieht man ein kleines Zeichen. Findest du nicht auch, dass es wie ein kleines R aussieht?"

Michael betrachtet die winzige Schrift. „Du hast Recht, das sieht wirklich aus wie ein R.. Ich glaube, wir können es versuchen, durch diese Höhle zu fliehen. Sollen wir vorher noch etwas essen oder uns ausruhen? Was meinst du?"

„Nein. Ich finde es ist besser, wenn wir jetzt direkt losgehen. Wir haben doch viel Zeit verloren mit der Suche nach den Höhlen, und ich denke normalerweise wäre es jetzt Zeit für den Rückweg, damit wir wieder pünktlich Ausgang wären."

Michael nickt. „Das habe ich mir auch gedacht, aber ich war mir nicht sicher, ob du nicht wieder Hunger hast, du Hungerleider."

„Pass bloß auf, du!" Andreas setzt dem Bruder einen leichten Schubs. „Außerdem müssen wir etwas sparsam sein mit dem Vorrat, schließlich wissen wir nicht, wie lang diese Höhle ist, oder ob sie vielleicht nicht so gut zu begehen ist, wie die anderen. Bisher konnten wir gemütlich auf einer Ebene laufen, aber dieser Gang könnte hier auch ganz quer und rauf und runter durch den Berg führen, nicht umsonst wird sie öffentlich nicht erwähnt und liegt so versteckt. Wie es aussieht, wussten ja nicht einmal Bullo und Toto davon."

„Es ist nur schade, dass wir jetzt nicht mehr in der Lage sind, hinter uns die schweren Steinplatten wieder in das Regal zu legen. Ich vermute, wenn die Rigorosi uns suchen,

wird ihnen dieses leere Regal auffallen."
„Aber für diesen Fall habe ich vorgesorgt. Schau mal, was ich hiermit nehme! Es ist die Türklinke. Falls sie nicht zufällig einen Werkzeugkoffer mit schleppen, müssen sie wieder ganz zurück in die Höhle, in der alles Werkzeug aufbewahrt wird, die ist ziemlich weit. Dadurch werden sie viel Zeit verlieren, und wir haben wieder einen großen Vorsprung."
Michael freut sich. „Das ist eine gute Idee! Komm! Dann wollen wir uns etwas beeilen."
Die beiden Jungen betreten die Höhle und ziehen die Tür hinter sich zu. Andreas packt die Türklinke in seinem Rucksack. „Wer weiß, wofür sie uns später noch nützlich sein kann."

Nach einigen Metern verengt sich die Höhle, bleibt aber so geräumig, dass die beiden Jungen bequem nebeneinander her gehen können und über sich auch noch eine geräumige Höhe sehen. Der Boden ist jedoch nicht mehr so glatt wie vorher und sie spüren, dass der Weg leicht ansteigt. Die längliche Form der Höhlen setzen sich fort, aber sie verlaufen in leichten Windungen, in der Form vergleichbar mit Bananen.
Glücklicherweise wird ihnen der Weg nicht durch Türen versperrt, sondern öffnet sich von Höhle zu Höhle in breitem Eintritt.***

24. Kapitel

Woino und Erike stapfen weiter durch das hohe Gras neben den Sümpfen. Plötzlich bleibt das Mädchen stehen. Erschrocken sieht sie ihren Bruder an und flüstert ihm leise zu. „Schau mal! Dort im Sumpf, ganz nah am Ufer, siehst du dort auch hinter dem Busch dieses riesengroße Bremmi?"

Woino folgt dem Hinweis ihres Daumens und entdeckt etwas Großes in einer braunen Farbe mit weißen Flecken. „Du hast Recht, Schwesterchen. Das sieht wirklich aus wie ein riesiges Bremmi. In dieser Größe habe ich noch nie eins gesehen. Das sind bestimmt die, denen das besondere Futter verabreicht wird. Ich hoffe, dass es nicht aggressiv ist, denn sonst könnte es uns Ärger machen. Wir müssen versuchen, ganz leise daran vorbeizukommen."

Mit winzigen Schritten wie im Schneckentempo schleichen sich die Kinder weiter nach vorn.

Sie versuchen, möglichst leise zu sein, dennoch gibt das raschelnde, trockene Gras leichte Geräusche von sich. Zwischendurch säuselt das Rauschen leichter Windböen und übertönt die Schritte. Als sie auf der Höhe des Bremmi angekommen sind, halten sie kurz den Atem an. Das Tier immer im Auge behaltend, tasten sich die

Kinder weiter. Obwohl ihnen die Angst zu einer schnellen Flucht rät, versuchen sie einen kühlen Kopf zu bewahren und in Ruhe die Schritte nach vorn zu gehen.

Nach endlos scheinenden Minuten haben sie es geschafft und das Bremmi hinter sich gelassen. Die Kinder atmen auf.

Erike wischt sich die Stirn. „Das haben wir geschafft, endlich. Jetzt muss ich aber dem großen Gouverneur, dem obersten Kommandeur danken."

Woino nickt. „Ja, ich habe auch ein stilles Gebet geschickt, und ich bin froh, dass wir unbemerkt vorbeiziehen konnten. Jetzt brauche ich aber auch einmal eine kurze Pause. Komm, wir setzen uns kurz unter den großen Nussbaum dort und stärken unsere Nerven mit dem Proviant."

„Schade, dass die Nüsse hier auf den Bäumen noch nicht reif sind, sonst müssten wir uns keine Gedanken um dem Proviant machen. Wir sind ja hier quasi an der Quelle."

Die Geschwister setzen sich Gras und versuchen, sich von der Anspannung etwas zu befreien. Sie erfrischen sich mit einem Getränk und knabbern einige Nüsse. Mit wachen Augen beobachten sie weiter das Sumpfgebiet, um keine bösen Überraschungen zu erleben. Außer dem singenden Wind bleibt alles still.

Ein paar Turnübungen lockern die Gelenke,

sie strecken sich ein wenig und setzen die kleinen Rucksäcke wieder auf. Mit einem aufmerksamen Blick in die verschiedenen Richtungen setzen die beiden Kinder im Weg fort.

Woino orientiert sich weiter an verschiedenen großen Bäumen und Büschen. „Ich bin ganz zuversichtlich, dass wir auf dem richtigen Weg sind. Diesen kleinen Busch kenne ich auch sofort wieder. Er hat sehr knorrige Arme und wächst fast gar nicht. Ich habe ihn jedes Mal fast in dem gleichen Bild gesehen. Ich habe ihn genannt: „mein kleiner Freund", weil er so klein und hilflos die Arme nach mir ausstreckt. Wie gefällt er dir, Erike?"

Das Mädchen lacht. „Er sieht wirklich wie ein struktureller Zwerg aus, so wie ich als Kind einen als Spielzeug besaß." Sie tritt näher heran und befühlt einen Ast. Dann stößt sie einen leichten Schrei aus.

Woino eilt zu ihr. „Was hast du?" fragt er besorgt.

Erike stöhnt auf vor Schmerz. „Ich bin mit dem Fuß in ein tiefes Loch geraten. Ich glaube, ich habe ihn mir verstaucht. Ich hoffe, dass nichts gebrochen ist." Sie setzt sich mit Woinos Hilfe ins Gras, vorsichtig untersucht der Bruder den verletzten Fuß.

„Zum Glück ist nichts gebrochen, aber es ist auch so schlimm genug. Ich habe allerdings nichts, um dir den Fuß damit zu verbinden.

Deswegen werde ich jetzt versuchen, deinen Schuh mit vielen Blättern auszustopfen, damit er recht fest sitzt und dich beim Weitergehen stützt, falls du überhaupt so weitergehen kannst. Ich könnte natürlich auch zum Sumpf gehen und etwas Wasser holen, um den Fuß zu kühlen."

„Oh nein! Auf keinen Fall! Das ist viel zu gefährlich. Im Sumpf sind doch die Bremmies und du weißt nicht wie aggressiv sie im Augenblick sind. Außerdem ist das Wasser nicht sauber, und ich denke, es wäre nicht richtig. Versuchen wir es erst einmal anders, es wird schon irgendwie gehen."

„Na gut, wenn du meinst, dass das reicht." Er pflückt und sammelt große, frische Blätter, die er sorgfältig um Erikes Fuß bindet, zieht ihr den sportlichen Stoff-Schuh wieder an und füllt die Ränder mit weiteren Blättern, bis er sich prall nach außen wölbt.

Erike richtet sich mit seiner Hilfe auf und humpelt ein paar Schritte. „Wenn du mich stützen kannst, wird es schon gehen, allerdings nicht so schnell wie bisher."

„Wir werden es versuchen", meint Woino.

„Aber wenn es nicht geht, wenn du zu starke Schmerzen hast, dann warten wir lieber und setzen uns hin. Das ist wirklich nicht einfach heute, erst die Begegnung mit dem Bremmi und jetzt verstauchst du dir den Fuß. Hoffentlich geht das nicht so weiter. Hätte ich dich doch bloß nicht auf den Busch aufmerksam gemacht. Ich werde mir das Loch einmal genauer ansehen."

Er bückt sich und untersucht die Stelle, an der Erikes Fuß in die Tiefe sackte.

„Das ist doch kaum zu glauben, das hätte ich nie gedacht! Das ist tatsächlich ein Fußabdruck von einem großen Bremmi. Das bedeutet, dass das Wasser auch einmal bis hierhin gestiegen sein muss, und das Bremmi hier in der feuchten Erde einmal kurz stecken geblieben ist. Ich kann sogar ganz deutlich die Abdrücke seiner Krallen sehen, es muss ein sehr großes Bremmi gewesen sein."

„Hoffentlich bedeutet das nicht, dass die Bremmies jetzt auch an Land kommen", befürchtet Erike.

„Das glaube ich nicht", widerspricht ihr Woino und steckt den Arm tief in das Loch. „Dieser Abdruck muss entstanden sein, als die Erde hier feucht war, das kann man deutlich sehen. Du musst also keine Angst haben, dass uns hier gleich hinter einem Baum ein Bremmi überrascht."

Erike sieht ihn zweifelnd an. „Da bin ich mir nicht sicher. Als ich eben dieses große Vieh gesehen habe, hatte ich auch den Eindruck, dass ihm völlig egal war, wie der Boden um es herum geschaffen ist. Es ist ja so riesig gewesen, dass es ihm gar nicht auffällt, wie der Boden unter seinen Füßen ist. Ein paar Schritte aufs Land wird es ohne weiteres wagen."

Woino reicht seiner Schwester den Arm. „Dann komm! Lass uns versuchen, weiter zu gehen und so schnell wie möglich von hier fort zu kommen!"

Erike hakt sich bei ihm ein und humpelt neben ihm über die Gräser.

***

25. Kapitel

Andreasi und Micaelo führen die 22 Menschen in das Kassa Grande. Dort werden sie zunächst mit einer Begrüßungsrede in Empfang genommen, die die Besucher zu einem angenehmen Aufenthalt willkommen heißt. Dabei werden sie mit verschiedenen bunten Cocktails und kleinen Mahlzeiten bestens versorgt.

Im Anschluss daran werden sie von Damas in den Trakt des Hauses geführt, der für die nächste Zeit ihr Zuhause sein soll. Hier finden sie wohnlich eingerichtete Räume mit allem vorstellbaren Luxus, moderne Bäder und einen praktisch aber zugleich auch stilvoll eingerichteten Wohnraum.

Bei der Besichtigung des Gemeinschaftsraumes gesellen sich Andreasi und Micaelo wieder zu ihnen und geben ihnen verschiedene Anweisungen.

Micaelo ergreift das Wort. „Wie ihr wisst, wird es für euch nicht möglich sein, das Kassa Grande zu verlassen. Aber ich hoffe, dass ihr euch hier erst einmal wohlfühlen werdet, nachdem ihr die Fahrt im Raketello so gut überstanden habt. Die großen Mahlzeiten könnt ihr im Wohnraum einnehmen, die werden euch von Acapoltanern serviert, den kleinen Imbiss für zwischendurch bringen euch die Roboter. Ihnen könnt ihr auch besondere

Wünsche mit euren Kochrezepten anvertrauen. In den Schränken findet ihr alles, was ihr sonst noch braucht, inklusive jeder Form von Wäsche. Zur Unterhaltung findet ihr hier in den Schränken Spiele, die ihr vermutlich noch nicht kennt, auch besondere Spiele für die Kinder, aber auch die Übertragungsapparate, in denen ihr Filme und Nachrichten schauen könnt. Und ich denke, da ihr so viele Personen seid, und es euch selbst im Raumschiff nicht langweilig wurde, wird es für euch hier auch erträglich werden. Ich bitte euch, möglichst die Fenster zu meiden, damit man euch von draußen nicht sieht. Bei Licht gehen die Jalousien automatisch herunter. Zwar haben wir um das Kassa Grande herum noch eine Sperrzone, aber man kann nie vorsichtig genug sein. Unter unseren Leuten, die in die Nähe gelangen dürfen, könnte ja auch einmal ein Spion der Rigorosi sein."

Andreasi fährt fort. „Viel Abwechslung bringen normalerweise auch sportliche Veranstaltungen wie die Wallymeisterschaften. Aber derzeit ist unser Stadion bis auf weiteres unbespielbar, daher mussten alle Termine erst einmal abgesagt werden. Eigentlich hatte ich vorgehabt, euch zu Ehren ein Empfangsfest zu geben, aber Micaelo bat mich, dieses Event zu verschieben, bis eure und unsere

Kinder wieder zurück sind. Mit Toto und Bullo ist es verabredet, ihnen morgen unsere Entscheidung mitzuteilen. Wir haben dann vor, ihnen zu sagen, dass wir nicht gewillt sind, euch auf Acapolto wohnen zu lassen. Sodann werden sie wohl vereinbarungsgemäß die Kinder freilassen, bzw. wird Hermes ihre Kinder an einem bestimmten Ort abholen, den Bullo uns noch bekannt geben will.

So hoffen wir denn, dass bis spätestens morgen Abend alle Probleme wieder gelöst sein werden. Ich bitte euch jetzt, auf den Sofas Platz zu nehmen, denn wir beide, Micaelo und ich, möchten euch noch offene Fragen beantworten."

Die Anwesenden folgen seiner Bitte und verteilen sich auf den einladenden Sofas. Auch hier lassen die beiden Gouverneure Erfrischungen servieren.

Marie wendet sich an Andreasi. „Wie schätzt du denn Toto und Bullo ein? Sieht es jetzt während dieser Entwicklung so aus, als könnte man ihnen vertrauen? Sind sie wirklich gut zu den Kindern?"

„Diese beiden Rigorosi haben selbst Kinder. Daher glaube ich nicht, dass die Kinder in unmittelbarer Gefahr sind, auf jeden Fall nicht, so lange die Rigorosi glauben, es ginge alles nach ihrem Willen. Ja, Kinder! Und wenn es hier eines gibt auf Acapolto, dann bei jedem Bewohner ein großes

Gefühl für die Kinder. Nicht nur, weil wir in unseren Kindern die Zukunft sehen, sondern auch, weil wir von Natur aus sehr kinderlieb sind. Wir betrachten sie als die großen Geschenke des großen Gouverneurs, des obersten Kommandeurs."

Marie stutzt. „Was soll das bedeuten? Wer ist der große Gouverneur?"

„Wir Acapoltaner glauben, dass sich der ganze Weltraum nicht aus einem Nichts erschaffen hat, sondern dass es da etwas gibt, dass wir den großen Gouverneur oder den Obersten Kommandeur nennen, der unser Acapolto und auch eure Erde hat entstehen lassen. Immerhin war der Urknall ja sehr gewaltig, und wer solch einen Urknall bewerkstelligen kann, der muss schon sehr mächtig sein."

Marie versteht. „Ach so, bei uns nennen wir ihn Gott, und in vielen Ländern finden bei uns die Menschen einen unterschiedlichen Namen für ihn, oft haben wir auch eine unterschiedliche Art, zu ihm zu sprechen. Es gab sogar Zeiten auf der Erde, da wurde deswegen gestritten, wer den richtigen Namen oder die richtige Art hatte, mit ihm zu sprechen."

Andreasi lacht laut. „Das ist doch nicht zu glauben! Was sind die Menschen doch komisch! Warum sollte man sich um diese erfundenen Namen streiten?! Bei euch weiß niemand, wie er wirklich heißt, und wir haben ihm diesen Namen nur gegeben, damit man ihn irgendwie anreden kann. Er ist natürlich von uns frei erfunden, von uns hat ihn noch keiner in seiner realen Gestalt getroffen."

„Bei uns auf der Erde gab es allerhand unverständliche Zustände," erzählt Marie. „Es gab auch Menschen, die überhaupt nicht an Gott glaubten, die sich einbildeten, alles habe sich einfach so entwickelt, aus was, wissen sie auch nicht. Und ich finde, selbst wenn etwas existiert, das sich entwickeln kann, so setzt das doch auch schon eine besondere, göttliche Intelligenz voraus. Die Entwicklung selbst ist eine Gotteskraft. Oder die eines obersten Kommandeurs."

Andreasi nickt. „Genauso denken wir auch. Nach dem Spruch: von nichts kommt nichts. Am Anfang war ich auch skeptisch, dass Menschen von dieser chaotischen Erde zu uns kommen und bei uns wohnen wollen. Ich dachte, das bringt nichts Gutes, denn bei uns ist es glücklicherweise fast immer friedlich, und wir bemühen uns, auch alles auf diese Weise zu regeln. Aber inzwischen bin ich davon überzeugt, dass ihr von der Erde ja doch auch allerlei Erfahrungen mitbringt, nicht nur wissenschaftliche und technische. Ich denke, ihr konntet beobachten, was euer Handeln auf der Erde bewirkt hat. Und so habt ihr sicher daraus gelernt und den Wunsch, vieles besser und anders zu machen."

Marie stimmt ihm zu. „Wir haben in den zehn Jahren, in denen wir unterwegs waren, sehr viel gelernt. Natürlich hatten wir viel Zeit, über alles nachzudenken und haben uns natürlich auch vorgenommen, wenn uns ein anderer Planet aufnimmt, dort vieles besser zu machen."

„Das glaube ich euch gern. Und das Beste dafür ist immer die Kommunikation, das beachten wir hier schon bei der frühesten Kindererziehung. Wieder und wieder treffen wir uns alle zu Aussprachen. Auch Micaelo und ich, die wir ja verschiedenen Parteien angehören, treffen uns, so oft es möglich ist, zu Diskussionen und Aussprachen. Und sieh dir einmal an, wie schön es hier schon funktioniert! Ein gutes Gespräch ist hier schon überall im Raum, man spürt das gute Klima."

Micaelo, Damas und einige andere Acapoltaner, die dem Gremium angehören, haben sich unter die 22 Menschen gemischt und befinden sich in angeregten Gesprächen."***

26. Kapitel

Im großen Zelt der Rigorosi sitzen Bullo und Toto an einem Schreibtisch und begutachten die Baupläne des Kassa Grande.

„Das ist ja gar nicht so kompliziert", findet Bullo. „Diese Gebäude-Pläne sind wirklich ausgezeichnet. Man kann hier den Weg ganz klar erkennen, den wir nehmen müssen, um in die geheimen Kammern zu kommen. Wie hast du das nur geschafft, an diesen Plan zu kommen?"

Toto lacht. „Das war ganz einfach. Ich musste nur in das Büro des Architekten. Aber das musste ich natürlich nicht selbst. Ich habe meinen Miniroboter dazu beauftragt, und der hat die ganze Sache völlig geräuschlos erledigt. Hier findest du sogar genau bezeichnet, in welchem Raum die Frostlampen lagern."

„Ich denke, wir werden diesen Einbruch genau zu dem Zeitpunkt wagen, wenn sich die Gedanken der Acapoltaner auf die Rettung und Rückholung der Kinder konzentrieren. Sobald wir die Runi und Sensi von den Kindern erhalten haben, werden wir Andreasi und Micaelo unterrichten, dass sie die Kinder Andreas und Michael in Meso abholen können. Gleichzeitig schicken wir Hermes eine Botschaft, dass sie Woino und Erike am Carnac-See abholen können. Und ich denke einmal, bei ihrem Abholmanöver werden sie überall eine ganze Belegschaft hinschicken, weil sie vermuten, wir selbst wären auch dort. Was sie nicht ahnen können, ist, dass wir die Kinder überall allein hingeschickt haben. Aber im Nachhinein habe ich mir darüber auch noch einmal Gedanken gemacht. Vielleicht hätten wir sie besser doch noch einmal in einer Bewachung von Robotern gelassen. Ich hoffe, dass wir nicht zu unvorsichtig waren."

„Daran habe ich auch nicht gedacht", stimmt ihm Toto zu. „Die Kinder sahen einfach so ehrlich aus, dass man das Gefühl hatte, ihnen vertrauen zu können. Aber Vorsicht ist besser als Nachsicht. Ich schlage dir vor, dass wir jeweils zwei unserer Rigorosi zur Beobachtung hinaus schicken. Zwei von ihnen können zum See und dort einmal nach den beiden Kindern schauen, und weitere zwei schicken wir in die Höhle, um dort einmal nachzuschauen, was die Kinder so treiben."

„Das mit dem See wird wohl gehen, aber ich habe im Moment niemandem frei, dem ich den Eingangscode für die Höhle anvertrauen würde. Alle fähigen Männer bewachen im Moment unsere Institute, besonders die Bereiche, wo wir das Extremfutter für die Bremmies herstellen und der Bereich der Forschung für die Wärmelampen. Ich habe mir gestern einmal angesehen, wie gut sie schon funktionieren. Ihr Kopf ist ein ganzes Stück größer als der der Frostlampen, und die Wärmelampe kann tatsächlich die Wirkung einer Frostlampe in Sekundenschnelle wieder aufheben. Wir haben sehr fähige Mitarbeiter in unseren Reihen."

Toto nickt. „Ich bin auch sehr zufrieden mit ihnen, und wir können uns auch auf sie verlassen."

„Wir sind also dann in doppelter Weise gewappnet. Das ist sehr gut. Einmal können wir Angriffe abwehren, indem wir unsere Wärmelampen gegen ihre Frostlampen einsetzen, und zum anderen werden wir dann selber einen Anteil an Frostlampen besitzen, die uns anderweitig wieder zum Ziel bringen können. Ich denke, insgesamt sind wir in einer sehr guten Position. Wir haben die vielen Kampfroboter, die Personen bedrohen und festhalten können, und haben hoch gezüchtete Bremmies, die notfalls auch Blockaden bilden können und sogar mit ihrer Aggressivität eine Waffe sind. Dann fehlen uns nur noch die Runi und Sensi, mit denen wir Entschlüsselungen vornehmen können und Wissenswertes speichern. Mit all diesen Mitteln insgesamt sind wir unschlagbar. Ich denke, wenn wir damit dann eine Demonstration der Macht vornehmen, müssen wir gar keine große Gewalt mehr anwenden, denn Macht ist überzeugend."

Toto lächelt. „Nun ja, so drückst du es vielleicht aus. Die anderen würden sagen: unsere Macht macht wehrlos, bereit zu Kompromissen und zur Aufgabe. Aber du hast im Großen und Ganzen Recht, wichtig ist nur das Ergebnis. Und genau genommen konnte uns nichts Besseres passieren, dass uns die Kinder in die Hände gefallen sind, besonders die Kinder der Menschen. Denn durch sie konnten wir ohne die anderen gefährlichen Pläne, die wir vorher mit Mühe konstruiert hatten, zu unseren Zielen gelangen. Eigentlich wäre es eine Überlegung wert gewesen, sie ganz für unsere Zwecke zu behalten."

Bullo schüttelt den Kopf. „Nein. Wenn wir die Macht haben, wollen wir ja doch Frieden und auch zufriedene Bürger. Aber wenn wir die Kinder bei uns behielten, würden sich die Bürger auf Dauer doch gegen uns stellen. Das wollen wir lieber nicht riskieren. Gut, dann haben wir ja für den Moment alles ausdiskutiert. Ich werde noch einmal den Leuten Bescheid geben, die am Höhleneingang warten, wann sie in etwa mit den Kindern der Erde zu rechnen haben. Und zum See schicken wir eine Patrouille, die sich nach Woino und Erike erkundigen."

„Gut. So machen wir es!" stimmt ihm Toto zu.***

27.Kapitel

Michael und Andreas durchqueren endlose Gänge der Höhle Fini 12 R. Sie scheint kein Ende zu nehmen.

„Gut, dass hier wenigstens die Sauerstoffversorgung funktioniert", stellt Andreas fest. „Und ich habe das Gefühl, je weiter wir kommen, desto besser ist die Luft. Ich hoffe, dass ich da richtig liege: ich glaube, wir sind bald draußen."

„Das mit der Luft ist mir noch gar nicht so aufgefallen", Michael betrachtet die Wände und die Decke eingehend. „Es sind auch tatsächlich nicht mehr Löcher vorhanden als in den anderen Gängen und Höhlen. Du könntest Recht haben. Allerdings wird es auch langsam Zeit. Ich glaube, wir sind schon sehr, sehr lange unterwegs. Und so allmählich werde ich auch müde."

Andreas stoppt, nimmt den Rucksack ab und öffnet ihn. „Hier haben wir doch so etwas wie Traubenzucker. Das sind doch diese Fitnessriegel." Er hält seinem Bruder ein Stück davon aus seinem Proviant hin.

„Im Moment können wir uns nicht leisten, müde zu werden. Wir wissen ja nicht, wo diese Höhle genau ihren Ausgang hat. Denn es kann ja sein, dass der Ausgang doch immer noch in der Nähe des Lagers der Rigorosi ist. Irgendwann fangen die bestimmt an, nach uns zu suchen. Auch wenn wir jetzt noch etwas Zeit haben, wir wissen nicht den Weg zurück zu den Acapoltanern, die uns gut gesonnen sind. Und wir wissen auch nicht, wie lang dieser Weg ist. Unser einziger Vorteil ist, dass wir keine Chips besitzen. Sollten sie also weit verstreut in der Gegend mit Detektoren nach uns fahnden, hätte das nicht viel Sinn."

„Und das Problem ist, niemand weiß, wo wir sind, und wenn jemand nach uns sucht, sind wir auch für unsere Freunde sehr schlecht zu finden", fügt Michael hinzu. Die einzige Chance haben wir, wenn Woino und Erike vor uns die Stadt Treja erreicht haben. Dann können sie nämlich den anderen Bescheid geben, wohin wir geflohen sind. Denn wenn Woino diesen Gang hier kennt, dann weiß er auch, wo sein Ausgang, bzw. Eingang draußen ist. Das muss er ja dann nicht allen verraten, aber wenigstens Hermes und denen, die nach uns suchen wollen. Eins ist ganz sicher, wir werden nicht den ganzen Weg vom Monte Magika zu Fuß zurückgehen können. Ich habe die Zeit ein bisschen Auge behalten, die wir gebraucht haben vom Wohnwürfel bis hin zum Zelt der Rigorosi. Das muss eine sehr weite Strecke gewesen sein, für die man zu Fuß viel zu lange braucht."

„Vermutlich müssen wir so lange laufen, bis wir an einen Weg oder eine Straße geraten. Aber dort müssen wir natürlich auch vorsichtig sein", überlegt Andreas. „Falls das zu nah am Lager der Rigorosi ist, wird es auch gefährlich für uns. Jetzt müssen wir erst einmal aus diesen Gängen herausfinden. Ich hoffe, es kommt nicht irgendein Abzweig, bei dem wir uns für einen Weg entscheiden müssen."

Sie gehen ein Stück weiter, die Steigung nimmt zu.

Ein lautes Rumpeln überrascht sie. „Hilfe!" ruft Michael. „Ist das ein Acapoltobeben?"

Auch Andreas erschrickt. Er horcht eine Weile angestrengt. „Ich glaube nicht. Das könnte das Geräusch eines Aufzugs sein. Es ist zu gleichmäßig für eine Erschütterung. Und in einem Vulkan sind wir ja nicht. Höchstens in einem erloschenen."

„Dann sind wir wohl in der Mitte des Berges", vermutet Andreas. „Ich habe übrigens noch einmal nachgedacht. Ich glaube nicht, dass sich der Ausgang dieser Höhle in der Nähe der Lager der Rigorosi befindet. Zum einen hätten sie ihn dann längst entdeckt, zum anderen hätte uns Woino nicht dorthin geschickt."

„Ja, das leuchtet mir ein. Dann hoffe ich, das der Höhlenausgang so weit weg wie möglich ist."

Nachdem sie sich gestärkt haben, streifen sie weiter durch die Höhlengänge, vorbei an vielen glitzernden Steinen. In einer Kurve entdecken sie eine Gabelung, die ihnen zwei Wege möglich macht. Ein leichter Wind weht ihnen entgegen.

Andreas stöhnt. „Hoffentlich finden wir hier einen Hinweis, welcher Weg der Richtige ist."

„Wir müssen alles ganz gründlich mit den Leuchtstäben ableuchten. Vielleicht finden wir irgendeinen Hinweis", schlägt Michael vor.

„Ja, vielleicht wenigstens einen Buchstaben oder eine Zahl, wir müssen jetzt die Ruhe bewahren. Irgendetwas werden wir schon finden", hofft Andreas.

Sie beleuchten den Beginn beider Gänge, jeden Zentimeter tasten sie mit dem Lichtkegel ab.

Im Schein seines Leuchtstabes erkennt Michael am rechten der beiden Eingänge ein winziges Kreuz, das wie ein X aussieht.

„Hier, sieh mal! Hier habe ich etwas gefunden. Aber was bedeutet dieses X jetzt?"

Sie betrachten das Zeichen und überlegen. Michael wiegt den Kopf leicht hin und her „Wenn das ein Lottozettel wäre, könnte das ein Treffer sein, auch bei dem Spiel „Schiffe versenken" oder anderem, was man ankreuzt. Aber ein Kreuz kann auch eine Versperrung sein. Manchmal wird etwas mit 2 Hölzern vernagelt, die dann auch wie ein großes X aussehen."

„Sollen wir einfach irgendeinen Weg nehmen oder auslosen?" schlägt Andreas vor. „Die Wege können hier nicht mehr so lang sein, dieser Weg kommt sicher von außen."

„Ich glaube auch. Wir müssen uns entscheiden. Wen würdest du nehmen?" fragt Michael den Bruder.

„Den ohne X und du?"

„Ich auch", stimmt ihm Michael zu. „Es könnte sein, dass es hier so eine Ordnung gibt wie im Straßenverkehr. Da gilt auch immer als Hinweis, zum Beispiel auch bei einer Umleitung, solange kein neues Schild da ist, immer geradeaus."

Die beiden Jungen setzen sich die Rucksäcke wieder auf und treten in die Höhle ein, die nicht mit einem Zeichen gekennzeichnet ist.

***

28. Kapitel

Erike humpelt neben ihrem Bruder her, ab und zu fällt ein leises Stöhnen von ihren Lippen.

Woino sieht sie bedauernd an. „Du bist jetzt schon eine Weile gelaufen. Soll ich dich nicht vielleicht doch lieber tragen?"

Die Schwester schüttelt energisch den Kopf. „Auf keinen Fall! Ich bin viel zu schwer für dich. Wir kommen zwar so nicht schnell voran. Aber wenn du mich trägst, kann du auch nicht so schnell gehen wie jetzt."

Er verzieht den Mund. „Wenn ich jetzt Werkzeug hätte, könnte ich eine Trage bauen, und würde dich hinter mir herziehen."

Erike lächelt mühsam. „Vielleicht kann man sogar eine Matte aus dem Schilf und den Gräsern flechten", scherzt sie. „Aber das Problem ist, wir haben keine Zeit, um irgendetwas zu basteln."

„Möchtest du noch ein kleine Pause machen?" schlägt er ihr vor.

„Nein, ganz bestimmt nicht. Ich werde heilfroh sein, wenn wir mal hier aus dem Dschungel heraus sind. Was schätzt du denn, wie weit es noch ist, bis wir hier heraus sind?"

Woino überlegt. „Das weiß ich nicht so genau. Ich habe nie so genau auf die Uhr geschaut. Aber heute schaffen wir das sowieso nicht mehr. Ich denke, ich werde uns bald ein Dickicht suchen, wo wir etwas schlafen können. Ein bisschen weiter weg vom Sumpf, die Bremmies sind ja sehr nachtaktiv."

Neben ihnen raschelt es. Ein Bremmi, etwa zwei Meter lang und einen Meter hoch talpst durch das Gras.

Die Kinder erschrecken und bleiben wie erstarrt stehen. In ihren Köpfen schwirren Gedanken. Ob es sie wohl erkannt hat? Wie wild ist es? Was hat es vor? Empfindet es Acapoltaner als Feind?

Woino und Erike halten den Atem an und das Bremmi kommt näher, immer weiter auf sie zu. Meter für Meter. Zentimeter für Zentimeter.

Bevor es bei den beiden Kindern angekommen ist, fängt Erike an zu singen.

Ihre Stimme klingt weich und melodisch, die Melodie des Schlafliedes tönt dem Tier sanft entgegen.

Wie durch ein Wunder bleibt das Bremmi stehen. Es dreht den Kopf ein wenig und sieht die Kinder aus dunklen großen Knopfaugen zutraulich an. Eine Weile verharrt es so, dann dreht es sich herum und verschwindet raschelnd, wie es gekommen ist.

Die beiden Kinder atmen auf, es dauert einen Moment bis sie sich von dem Schrecken erholt haben.

„Dieses Lied habe ich früher immer meinem kleinen Bremmi mit dem braunweißen Fell vorgesungen", verrät das Mädchen. „Dann hat es sich auch immer beruhigt und streicheln lassen."

„Das hier war kein wildes Bremmi", vermutet Woino. „Das hier war entweder ein ausgewildertes oder ein zahmes. Es hat etwas mit deiner Stimme anfangen können. Vielleicht hat es sich an acapoltanische Stimmen erinnert. Möglichweise ist es auch durch das Futter größer geworden, ähnlich wie die wilden Bremmies. Ich habe mitbekommen, dass hier im Sumpf eine einzige Pflanze existieren soll, durch die die Bremmies enorm wachsen. Mit dieser Pflanze arbeiten auch die Rigorosi. Sie fügen dann noch ein paar chemische Substanzen zu."

„Was haben die denn von solch großen Tieren?" fragt Erike.

„Ich weiß es auch nicht. Aber man könnte sie gut als lebende Absperrungen verwenden. Vielleicht wollen die Rigorosi damit ihre Bereiche absichern oder einfach nur ihre Macht demonstrieren"

„Jetzt will ich aber nicht mehr hier bleiben", beschließt das Mädchen. „Jetzt werde ich mit dir so lange humpeln bis wir die Sümpfe hinter uns gelassen haben."

Woino gibt nach. „Na, gut, aber dann machen wir hier noch eine kleine Pause, damit wir noch etwas essen können und du deinen Fuß noch etwas schonen kannst."

Sie suchen sich einen bequemen Platz unter einem Baum und stärken sich mit einem Teil des Proviants.

Obwohl ihnen die Begegnung mit dem Bremmi neben dem Schrecken auch wieder einigen Mut gemacht hat, beobachten sie wachsam die Gegend um sich herum. Es bleibt alles ruhig und friedlich, nur aus der Ferne hören sie das Brummen eines Fahrzeugs. Es hört sich an wie ein Lastentransportwagen, der irgendwo entlang fährt.

„Dann ist eine Straße nicht mehr weit", freut sich Erike.

Woino nickt. „Das kam genau aus der Richtung, in die wir gehen wollen. Also sind wir auf dem richtigen Weg. Ich habe mich also nicht getäuscht. Jetzt kann es auch nicht mehr weit sein. Schaffst du es denn wirklich, noch etwas zu gehen?" fragt der Junge seine Schwester.

Erike nickt und sieht den Bruder zuversichtlich an. „Wenn ich es bis hierhin geschafft habe, werde ich ganz bestimmt noch den kleinen Rest schaffen."

Sie packen die Rucksäcke, Woino begutachtet noch einmal Erikes Fuß, versorgt ihn mit frischen Blättern und reicht seiner Schwester einen Ast, den er vom Baum abgebrochen hat als Krückstock.

Dieses Mal nimmt er beide Rucksäcke als Gepäck.

„Meinst du, es geht so?" fragt er die Schwester.

Erike lächelt. „Mach dir keine Sorgen! Bei mir ist alles Pitto."

***

29. Kapitel

Marie und Damas sitzen in einer Ecke des Aufenthaltsraumes und trinken einen bunten Cocktail.

„Was habt ihr jetzt weiter vor?" möchte Marie wissen. „Wollt ihr die Kinder nicht auch lieber suchen?"

Damas sieht ihr ernst in die Augen. „Wir müssen sehr vorsichtig sein. Es ist gut möglich, dass sich die Rigorosi bedrängt fühlen, wenn wir etwas unternehmen. Im Augenblick sind sie noch relativ harmlos und ruhig, wir möchten nicht, dass sich das ändert."

„Nun ja, man könnte vielleicht schon einmal so nach ihnen suchen, dass es die Rigorosi nicht merken. Es ist ja immer besser, wenn wir für den Notfall in ihrer Nähe wären. Ihr habt übrigens sehr viel und sehr gute Technik, vor allen Dingen auch viele Bodenschätze, die wir von der Erde her nicht kennen. Doch eins scheint ihr noch nicht entwickelt zu haben, und das ist die Benutzung einer Infrarotkamera. Ich selbst bin Chemikerin, Ingenieurin und Physikerin. Deswegen konnte ich auch auf unserer Reise manchmal sehr nützlich sein. Aber jetzt könnte ich euch vielleicht nützlich sein. Denn wenn du mir einiges Material besorgst, und ich mir ein kleines Labor und eine kleine Werkstatt einrichten darf, so könnte ich euch in der Entwicklung und der Herstellung einiger interessanter Geräte helfen."

Damas staunt. „Was kann man denn mit einer Infrarotkamera besonderes anstellen? Und wobei sollte sie uns helfen?"

„Damit könnten wir zum Beispiel die Kinder suchen. Ihr habt doch diese kleinen Flugobjekte, mit denen ihr fliegt. Und so etwas wie unsere Drohnen kennt ihr auch, die von oben Aufnahmen machen aus der Luft. Mit diesen Wärmebildkameras kann man auch aus der Luft Lebewesen entdecken, wenn es dunkel ist, könnten wir damit die Kinder gut finden."

„Das ist gar keine schlechte Idee", freut sich Damas. „Ich werde mir das alles notieren und Andreasi und Micaelo diesen Vorschlag unterbreiten. Zumindest könnten wir für einen Notfall eine Kamera bauen, und wenn es ernst, wird benutzen. Aber was ich dich schon immer einmal fragen wollte, wie waren denn diese zehn Jahre bei euch im engen Raumschiff?"

„Das war natürlich eine Notgemeinschaft. Wir haben uns sehr zusammengenommen, so viele Leute auf einem so engen Raum, das war schon eine Herausforderung. Aber es war uns ja allen bewusst, dass es darum ging zu überleben, und das wollten wir unbedingt. Wir hatten alle einen großen, starken Lebenswillen, jeder hatte den

Wunsch, das Raumschiff eines Tages wieder zu verlassen. Deswegen können wir es jetzt noch gar nicht glauben, dass wir wieder Boden unter den Füßen haben. Es gab natürlich zwischendurch auch Differenzen, aber wir haben gelernt, miteinander zu diskutieren, besser, als das auf der Erde jemals der Fall war, eben genau darum, weil es uns beim Überleben half; ich glaube, wir Menschen haben sehr viel gelernt auf dieser Reise. Ein soziales Miteinander ist überall die Garantie für ein friedliches Zusammenleben. Aber ich gebe zu, wir haben auch viel Glück gehabt, es ist in der ganzen Zeit niemand ernstlich krank geworden, und niemand ist gestorben. Allerdings haben wir uns auch an ganz strikte Regeln gehalten. Wir haben sehr gesund gelebt, nur Gesundes gegessen und viel Sport gemacht. Auch unser Gehirn haben wir regelmäßig trainiert. Nur in der allerletzten Zeit haben wir alles etwas vernachlässigt, weil wir nur noch Nahrungspillen und Vitaminpillen zu uns genommen haben und ein Mittel, ähnlich wie die Reiswaffeln oder Kleie, das den Magen und den Darm in Arbeit hält. In dieser Zeit haben wir uns nicht ganz so fit gefühlt und begannen auch schon, etwas depressiv zu werden. Für diesen Fall hatte aber Tobias immer einen großen Vorrat an pflanzlichen Medikamenten dabei, die uns etwas aufmuntern sollten und Pamela ist Ärztin und Psychologin, sie hat uns mit erbaulichen Reden geholfen, uns Mut gemacht und uns seelisch gestärkt."

Damas lächelt. „Dann habt ihr hier auf dem Raumschiff auch jeder mehrere Berufe ausgeübt, so wie das bei uns auf Acapolto ebenfalls normal und praktisch ist. Die Schulzeit mit der Allgemeinbildung ist bei uns relativ kurz, dafür fangen wir sehr früh mit den Berufsausbildungen an. Wer sich dann später nebenbei noch weiterbilden will, wird unterstützt."

„Ja, das ist praktisch", findet Marie. „Das ist eine gute Einrichtung. Wenn ihr euch aber alle so einig seid, warum habt ihr dann zwei verschiedene Parteien und zwei Gouverneure?"

„Das ist ganz einfach zu erklären. Ein Acapoltaner kann sich leichter irren als zwei. Eine Meinung kann sehr einseitig sein. Zwei Personen haben die Möglichkeit, die Dinge von verschiedenen Seiten betrachten zu können. Das ist bei Entscheidungen und Neuerungen immer sehr wichtig. Und beide Gouverneure fragen zuerst einmal ihre Gremien nach ihrer Meinung, und die Gremien fragen den Rest der Acapoltaner. So werden viele Meinungen eingeholt, auch durch Umfragen, um es dann möglichst vielen recht zu machen. Das ist schon ewig so gewesen bei uns und hat sich gut bewährt, wir haben alle immer davon profitiert."

„Aber warum hat sich denn jetzt nun die Gruppe der Rigorosi abgespalten?" möchte Marie wissen.

„Es gibt immer mal wieder den einen oder anderen, der meint, alles noch besser zu können. Normalerweise hatten wir dann Zeit, mit denen zu diskutieren. Und wenn dann wirklich einer besser war, dann gab es Neuwahlen bei uns. Der neue Kandidat, wenn er dann gewählt wurde, durfte dann erst einmal zur Probe zeigen, ob er wirklich alles besser macht. Aber hier hatten wir keine Zeit mehr, mit den Rigorosi zu diskutieren. Toto und Bullo glauben auch von sich, dass sie alles besser können. Tatsächlich haben sie technisch sehr, sehr viel geleistet in der letzten Zeit, aber leider heimlich und für zweifelhafte Zwecke. Diese beiden sind sehr starke Typen und können auf andere großen Eindruck machen, besonders auf die, die innerlich nicht so ganz harmonisch sind. So konnten sie dann eine Gruppe von Anhängern finden, die jetzt auch sehr stark an die beiden glauben. Wahrscheinlich haben Andreasi und Micaelo tatsächlich einen Fehler gemacht. Sie haben übersehen, dass es mal wieder Zeit war für interne Veränderungen. Die Acapoltaner sind wohl nicht ganz so mit der Technik mit gewachsen. So war das ja bei euch auf der Erde auch. Es gab viel zu viel Technik, aber der Mensch konnte noch nicht verantwortungsbewusst damit umgehen. Die Eskalation kam dann bei uns, als ihr aufgetaucht seid. Für euch musste es eine schnelle Entscheidung geben, vor allen Dingen zum Überleben. Aber auch auf so viel Neues waren hier noch nicht alle genügend vorbereitet und eingerichtet. Möglicherweise geht das Ganze aber noch tiefer. Und darauf hoffen und vertrauen wir. Andreasi und Micaelo glauben, dass auch die Rigorosi und Toto und Bullo eigentlich nichts gegen euch haben, denn wir haben gelernt, dass anders sein nichts Negatives ist. Aber dieses Thema nutzen sie natürlich, um zu demonstrieren, dass sie besser sind. Am Anfang hatten viele in beiden Parteien auch Ängste vor euch, denn wir wussten ja nicht, ob ihr friedlich seid und in friedlicher Absicht kommt. Ihr hättet ja auch mit irgendwelchen unbekannten Waffen unseren Planeten erobern und für euch gewinnen können. Aber ihr seid von uns durch und durch gecheckt worden. Wir haben alles von euch gemessen und in Karteien eingetragen. Sogar eure Gehirnsströme, euren Blutdruck und euren Aggressionslevel. Da haben wir nichts Bedrohliches gefunden."

Marie nippt an ihrem Cocktail.

„Mit welchen Geräten konntet ihr das denn

von der Entfernung ausmessen?"

„Wir haben eine ganze Menge technischer Geräte, die aus der Entfernung etwas messen können. Sie sind sehr kompliziert, haben aber alle einen ganz wichtigen Innenteil, sozusagen als Sensor. Der besteht bei uns aus einem ganz besonderen Gestein, den Runi. In einer besonderen Anwendung mit den Sensi können sie messen und speichern. Diese Forschung haben wir schon vor sehr langer Zeit begonnen, und wir entwickeln diese Techniken immer weiter. Damit haben wir natürlich große Vorteile. Wir haben auch ein Gerät, womit man euch im Raumschiff beobachten konnte, durch die Außenwände hindurch. Damit kann man auch sehen, wie viele Personen sich im Inneren von Zefir C4 aufhielten. Genau genommen wart ihr einmal am Tag in Beobachtung, denn einmal am Tag hat Andreasi dieses Gerät benutzt. Es ist aber weder für den Menschen noch für das Raumschiff schädlich gewesen im Gegensatz zu euren Röntgenstrahlen, aber dieses Gerät verbraucht eine enorme Energie. Wir gehen mit allen Energien sehr sparsam um, um sie für die Nachkommen zu bewahren."

„In einigen Dingen seid ihr uns weit voraus", staunt Marie. „Ich denke, wenn wir unser gesamtes Wissen zusammentun, können wir gemeinsam sehr viel erreichen und gemeinsam gute Fortschritte machen."

„Aber jetzt habe ich noch eine ganz persönliche Frage, Marie. Ich hoffe, das ist nicht unhöflich. Hast du eigentlich einen Partner? Bist du verheiratet?"

„Nein. Wir sind fast alle Singles. Ich war ja noch sehr jung, als wir los geflogen sind. Ich hatte noch keinen Freund und auch noch keinen Partner. Das war auch Bedingung, als es Plätze gab in dem Raumschiff. Tatsächlich hatte der Milliardär, der dieses und einige andere Raumschiffe bauen ließ, den Gedanken, dass sich die Menschen dann auf anderen Planeten mit anderen Lebewesen wieder verbinden. Während unserer Reise haben sich dann unter den Singles drei Paare gefunden. Ein Astronaut ist mit einer Ärztin liiert, eine Lehrerin mit einem Apotheker, und Tobias und Pam haben sich zusammengefunden. Die beiden hatten sozusagen die Leitung übernommen, vernachlässigen aber momentan ihr Privatleben zu unseren Gunsten, damit es uns allen, den Passagieren, so gut wie möglich ging. Sie waren sehr verantwortungsvoll und haben uns gut versorgt. Sie haben uns sehr geholfen zu überleben."

Damas nickt. „Diesen Eindruck haben wir auch von euch gewonnen. Wir haben vorhin noch einmal zusammen ein Grundsatzgespräch geführt, Andreasi,

Micaelo und die Gremien. Und wir sind zu dem Ergebnis gekommen, dass ihr bei uns bleiben könnt. Und so hoffen wir auch immer noch auf friedliche Lösungen mit Toto, Bullo und den Rigorosi. Es war sehr schön, dich ein wenig kennen zu lernen, und ich hoffe, wir werden dazu noch mehr Möglichkeiten haben. Ich danke dir für das gute Gespräch!"

***

30. Kapitel

Andreas und Michael durchqueren einige Höhlengänge, aber kurze Zeit später stehen sie an einem Abbau-Platz für Gesteine. Es glitzert überall um sie herum. Auf dem Boden liegen einige Gesteinsbrocken. In dieser Höhle gibt es keine weiteren Eingänge mehr, keine Ausgänge, und, wie sie nach einigem Suchen und Ausleuchten auch feststellen, keine versteckten Türen.

Michael zuckt die Achseln. „Dann haben wir uns eben geirrt, wir müssen wieder zurück und den anderen Gang wählen. Ich bin zwar jetzt sehr müde, aber ich will heute unbedingt wieder raus finden. Mit dem Ziel schaffe ich es bestimmt noch durchzuhalten."

„Ja, etwas anderes bleibt uns jetzt nicht übrig. Aber wir werden ein paar von diesen Steinen mit in unsere Rucksäcke packen, wer weiß, welche magischen Eigenschaften diese hier noch besitzen."

Die beiden Jungen sammeln mehrere Hände voll von den Gesteinsbrocken und verstauen sie in ihren Rucksäcken.

Der Rückweg bis zu der Abzweigung kommt ihnen sehr lange vor und beide atmen auf, als sie dort wieder angekommen sind.

„Geschafft!" stöhnt Andreas. „Und jetzt hoffe ich nur, dass diese Höhlen nicht so endlos sind und wir bald draußen sind. Jetzt kann ich wirklich bald nicht mehr."

Michael stimmt ihm zu. „Ich auch nicht. Möchtest du noch etwas von dem traubenzuckerartigen Zeug?"

Andreas schüttelt den Kopf. „Nein. Lass uns jetzt nur einfach weiter durchgehen bis uns unsere Füße nicht mehr tragen, und ich hoffe, dass wir es noch bis draußen schaffen."

Jede Höhle, die sie durchqueren, ist jetzt sehr lang und sehr schmal. Sie müssen jetzt hintereinander gehen und haben neben sich nicht mehr viel Platz bis zu den Wänden. Sie schleppen sich weiter, von Höhle zur Höhle, die Beine werden schlapper, die Arme schlaffer.

„Ich kann nicht mehr", stöhnt Michael. „Mir fallen schon die Augen zu."

Andreas, der als erster vorangeht, tröstet ihn. „Schau mal, ich glaube, es wird da vorn heller! Und es kommt auch wieder ein neuer Luftzug herein. Es kann wirklich jetzt nicht mehr lange dauern bis wir draußen sind."

Michael reißt die Augen auf. „Ich kann schon kaum noch mehr etwas sehen. Kannst du mich vielleicht ziehen?"

Andreas lacht. „Dann komm und gib mir deine Hand!"

Er ergreift die Hand seines Bruders und zieht ihn mit sich. Etwa 100 Meter weiter wird es ganz hell. Jetzt wird auch Michael wieder wach, er lässt Andreas Hand los und mit letzter Kraft schleppen sich die beiden Jungen weiter dem möglichen Ausgang zu.

„Hoffentlich ist das jetzt auch ein Ausgang und nicht irgend ein beleuchteter Raum", bangt Michael.

Andreas schnuppert. „Nein, irgendwie riecht es schon nach Pflanzen oder Bäumen."

An der nächsten Wegbeuge wird es ganz hell. Sie schalten ihre Leuchtstäbe aus, und an der Wegbiegung ein paar Meter weiter sehen sie den Ausgang vor sich. Die beiden Brüder jubeln und fallen sich in die Arme.

„Wir haben es geschafft!" ruft Andreas aus.

„Endlich! Endlich! Endlich!" stimmt ihm Michael zu.

Der Ausgang ist sehr klein und eng. Die beiden Jungen müssen ihre Rucksäcke abnehmen und nacheinander durch das Loch kriechen. Anschließend ziehen sie auch ihre Rucksäcke durch die Öffnung nach draußen. Staunend blicken sie sich um. Ein grünes, dichtes Buschwerk umgibt sie, über ihnen leuchtet der Himmel wolkenlos. Sterne blinken ihnen entgegen.

„Ob sie hier wohl auch einen Mond haben? Bis jetzt habe ich noch keinen gesehen", überlegt Michael.

„Möglich ist das schon, vielleicht sehen wir einen oder wir werden die Acapoltaner fragen, wenn wir hoffentlich bald zurück sind. Ich glaube, wir sind hier noch nicht unten auf der Ebene. Es kommt mir so vor, als wären wir noch am unteren Hang des Berges der Boden ist etwas schräg. Schau es dir an! Er hat etwas Gefälle."

„Aber das ist mir jetzt auch ganz egal", findet Michael. „Jetzt will ich nur noch schlafen."

Andreas nickt und sieht sich nach einer geeigneten Stelle um, Michael folgt ihm. Nach kurzem Suchen finden sie einen geschützten Platz unter einem Busch. Sie legen sich auf den bemoosten Boden und decken sich mit der Alufolie aus dem Rücksack zu. Sie murmeln sich gegenseitig ein „gute Nacht" zu und drehen sich auf die Seiten. Wenige Augenblicke später sind sie fest eingeschlafen.

***

31. Kapitel

Bullo und Toto finden sich zur Lagebesprechung im großen Zelt ein.

„Ich weiß gar nicht, was ich davon halten soll", Bullos Stimme klingt aufgeregt. „Wenn ich nur wüsste, was los ist?! Meine Späher haben mir berichtet, dass Woino und Erike nicht im Bootshaus sind. Sie haben die ganze Gegend abgesucht, selbst in den Sümpfen bei den Bremmies gab es keine Spur von ihnen."

„Und bei mir gab es genau das gleiche Ergebnis", eröffnet ihm Toto aufgebracht. „Ich bin total schockiert. Meine Späher haben mir berichtet, dass sie diese beiden Jungen der Menschen, Andreas und Michael nirgends vor der Höhle finden konnten. Sie hätten jetzt eigentlich wieder zurück sein müssen. Vielleicht waren sie allerdings auch nur müde und schlafen noch irgendwo. Das wäre natürlich ein Riesenproblem, denn morgen gibt es dort wieder eine Hauptkontrolle, die von den beiden Gouverneuren angeordnet wurde. Wenn die Kinder dann in ihre Hände geraten würden, das wäre eine Katastrophe. Und das nicht nur, weil wir dann weniger Druckmittel hätten, sondern auch, weil uns die Runi und Sensi entgingen. Also in diesem Fall sage ich, müssen wir noch etwas Geduld haben und einfach abwarten, möglicherweise waren die Kinder nur etwas langsamer, als wir eingeplant haben. Wir sind ja auch davon ausgegangen, dass diese menschlichen Wesen ähnlich funktionieren wie wir Acapoltaner. Vielleicht sind sie aber körperlich nicht so stabil, das hätten wir vielleicht einbeziehen müssen. Aber was soll ich sagen zu Woino und Erike im Bootshaus? Ich hoffe nur, dass den Kindern nichts Ernstes passiert ist. Wir hätten sie doch besser bewachen sollen, und ich hoffe nicht, dass sie von einem wilden Bremmi in die Sümpfe gejagt wurden."

„Das glaube ich nicht, Toto. Die beiden kennen sich doch aus mit Bremmies, und sie wissen doch auch, dass es in den Sümpfen viele davon gibt, und zwar in unterschiedlichen Größen. Natürlich haben wir ihnen befohlen, sich in der Nähe des Bootshauses aufzuhalten. Es ist daher von ihnen ganz unverständlich, dass sie sich weiter entfernt haben. Das lässt mich doch vermuten, dass sie geflohen sind. Ich bin mir jedenfalls sicher, dass sie keiner dort gesucht hat, wo sie sind. Das sind so versteckte Plätze, die muss man erst einmal finden, auch glaube ich nicht, dass Andreasi und Micaelo an eine Befreiung der Kinder gedacht haben. Dazu sind sie zu vorsichtig und wollen die Kinder bestimmt nicht gefährden. Nein, in diese Richtung denke ich gar nicht, aber solange die Kinder nicht wieder auftauchen, verlieren wir unser Druckmittel. Solange aber die Gouverneure glauben, die Kinder seien noch in unserer Gewalt, haben wir noch etwas zum verhandeln. Daher denke ich, sollten wir sofort etwas unternehmen und die beiden Gouverneure zu einer Antwort zwingen. Jetzt ist der Zeitpunkt gekommen, wo sie uns ihre Entscheidung mitteilen müssen. Jetzt müssen sie sich für oder gegen die Menschen entscheiden. Es gibt jetzt keine andere Möglichkeit mehr für uns. Wir müssen sie sofort nach einer Unterredung fragen."

Bullo überlegt und kratzt sich am Kinn. „Das ist nicht ganz einfach. Werden sich die beiden Gouverneure nicht wundern, wenn wir jetzt schon eine Entscheidung verlangen? Könnte da nicht irgendeiner auf die Idee kommen, dass wir uns unter Druck befinden. Sie sind ja nicht dumm, die beiden und ihr Gremium. Auf der anderen Seite hast du natürlich Recht, sollten tatsächlich alle vier Kinder geflohen sein, haben wir gar keine anderen Möglichkeiten. Also, Woino und Erike traue ich schon eine Flucht zu, sie sind auch sehr clever. Aber die beiden Menschenkinder kennen sich doch hier gar nicht aus. Vor allen Dingen, wie sollten sie unbemerkt aus dem Berg herauskommen? Unsere Wächter bewachen den Eingang, zu dem wir sie hingeführt haben. Dort müssen sie auch wieder herauskommen. Es sei denn, sie verstecken sich irgendwo in einer Höhle, vielleicht hinter einem Schrank oder einem Regal und werden dann in absehbarer Zeit von den Kontrollen gefunden, die sie dann natürlich dankbar in Empfang nehmen werden. Es gibt in den Höhlen sehr viele Möglichkeiten, wo man sich verstecken kann, wir werden sie kaum finden können. Außerdem werden wir dann sofort entdeckt, da wir ja durch unsere Chips erkennbar sind. Was mich allerdings wiederum wundert, ist, dass die Kinder ja nun offenbar darauf vertrauen, dass sie jemand dort errettet. Woher wussten sie, dass dort Kontrollen stattfinden?"

„Ich vermute, dass Woino noch kurz mit ihnen geredet hat, beim Abschied nehmen. Ich meine auch bemerkt zu haben, dass er den Menschenkindern noch etwas zugeflüstert hat. Das ist nun auch eine dumme Situation, Toto. Die Kinder sind da drin, aber wir können nicht zu ihnen hinein. Wie wir jetzt auch hin und her überlegen, es führt zu nichts anderem als zu dem schnellen Entschluss, bei den beiden Gouverneuren sofort die Entscheidung zu verlangen. Wir müssen uns eingestehen, dass diese Geiselnahme gescheitert ist."

Toto nickt. „So sehe ich das auch. Wie weit sind denn deine Chemiker und Techniker?

Haben sie inzwischen etwas entwickelt, dass für das Raumschiff eine Gefahr bedeuten könnte? Dann hätten wir eine neue Bedrohung für unsere Forderung."

Bullo schüttelt den Kopf und verzieht bedauernd den Mund. „Leider sind wir in der letzten Zeit nicht weitergekommen. Es fehlen uns noch ganz wichtige Informationen, die im Tresor vom Kassa Grande lagern. Und an den hätten wir auch nur mithilfe der Menschenkinder kommen können. Außerdem bringt das auch unsere Bevölkerung gegen uns auf. Wenn wir die Menschen oder ihr Raumschiff offen bedrohen, macht uns das nicht beliebt, denn wir dürfen nicht vergessen, dass viele Acapoltaner im Moment noch für die Aufnahme der Menschen sind. Du weißt doch, das wird sich erst ändern, wenn nächste Woche unser gasförmiges Medikament in Mengen herstellbar ist. Es ist ja ein aggressives Lachgas und beeinflusst den Teil des menschlichen Gehirnes, der ein tolerantes und flexibles Denken ermöglicht. Sobald man es hier in der Atmosphäre unseres Planeten Acapolto ausströmen lässt, werden alle Acapoltaner Fremdartiges für unschön und gefährlich halten."

Toto nickt, sein Blick richtet sich in die Ferne. „Ja, ich erinnere mich noch genau daran, als man uns während einer akuten

Phase der Wut in einer Operation mit örtlicher Narkose eine Gewebeprobe entnommen hat und in langwierigen chemischen Versuchen etwas festgestellt und etwas nachproduziert hat, das zur Aggressivität führt. Ich hätte tatsächlich früher nie gedacht, dass man solch ein Serum herstellen, geschweige denn gebrauchen kann. Und als dann unser berühmter Forscher Dr. Hexameter sogar das Serum zu einer Art Borniertheit erfand, konnte ich mir auch nicht vorstellen, wie und wann man so etwas verwenden kann. Erst als die Menschen zu uns fanden, wurde es mir klar, nun wird es uns die Möglichkeit geben, es an den Acapoltanern testen zu können. Dann wird es sich zeigen, ob man mit diesem Serum alle Acapoltaner fremdenfeindlich machen kann. Denn dann werden wir für immer hier auf unserem Planeten Ruhe haben."

Bullo denkt eine Weile nach.

„Aber der Dr. Hexameter hat mir auch mitgeteilt, dass er dieses Serum erst freigeben will, wenn er ein Gegenmittel entwickelt hat, und damit ist er noch nicht ganz fertig, wie er mir gestern mitteilte. Und er teilte mir große Bedenken mit. Er meinte, man dürfe dieses Mittel nicht generell einsetzen, sondern nur in speziellen medizinischen Fällen. Denn er befürchtet, dass dieses Mittel auf diesem Planeten

Acapolto auf Dauer ein großes Chaos feststellen kann. Letzten Endes würden wir uns dann gegenseitig auch immer mehr entfremden und die Andersartigkeit eines jeden anderen hassen. Dann würden wir uns einmal alle gegenseitig nicht mehr leiden können, nur weil der eine größer oder kleiner ist, lauter oder leiser spricht oder ein winziges anderes Attribut besitzt, das uns nicht in unserem Kram passt. Er warnt ausdrücklich davor, dass es sonst genauso bei uns werden könnte, wie auf der Erde und ähnlichen dummen Planeten, wo es immer Fremdenhass gab und zu Katastrophen, Mord und Kriegen führte."

„Ach, bis dahin ist es doch ein langer Weg, das werden wir doch in unseren 200 Lebensjahren nicht mehr erleben. Das sollte uns eigentlich egal sein. Dann kann man ja auch wieder das Gegenmittel geben. Und außerdem wollen wir dieses Mittel ja nur einsetzen, bis die Menschen wieder fort geflogen sind. Dann können wir es ja wieder absetzen. Und so kann man das immer wieder machen: kommen andere Eindringlinge, medikamentieren wir die Bewohner von Acapolto ein wenig, und wenn wir sie wieder verjagt haben, wird das Medikament abgesetzt. So einfach ist das. Aber jetzt wollen wir nicht mehr lange zögern, jetzt wird es Zeit, dass wir uns bei den bei den Gouverneuren anmelden, damit wir das endlich hinter uns bringen."

32. Kapitel

.

Einige Kilometer weit entfernt von Meso, auf einer wüstenartigen Ebene haben die Rigorosi Toto und Bullo einen Treffpunkt mit Andreasi und Micaelo vereinbart. Das Wachpersonal haben beide weit hinter sich gelassen und die feindlichen Parteien nähern sich einem großen Grenzstein.

„Wir begrüßen euch", beginnt Bullo mit lauter Stimme, „und sind zufrieden, dass ihr sofort und pünktlich zu unserem Treffpunkt gekommen seid. Wir haben unsere Kampfroboter hinter uns gelassen, um euch nicht zu erschrecken. Im Grunde genommen müsst ihr sie auch nicht fürchten, denn sie sind ähnlich wie alle unsere Roboter, nur um einiges stärker und größer, sodass sie imstande sind, auch einen Menschen in ihren Armen gefangen zu halten. Sie können auch eine stabile Kette bilden, an der niemand vorbeikommt, nicht einmal ein Lastenkraftwagen. Sie sind geeignet für Überwachungen, und um Grenzen ziehen. Natürlich ist ein Faustschlag von ihnen fähig, einen Menschen problemlos nieder zu boxen. Aber noch haben wir nicht die Absicht, sie für solche Zwecke einzusetzen. Sie sind aus einem besonderen, von uns entwickelten antimagnetischen Metall hergestellt, sodass man sie mit den üblichen Konglomerat-

Apparaten nicht magnetisch anziehen kann. Daher kann man sie auch nicht so ohne weiteres außer Gefecht setzen. Außerdem verfügen wir inzwischen über einige sehr großartige technische Neuerungen, chemische Stoffe, die uns euch überlegen machen. Doch noch treten wir euch friedlich gegenüber. Da wir wissen, dass ihr kluge Acapoltaner seid, werden wir sicher mit euch sprechen und verhandeln können."

Andreasi und Micaelo nicken. Micaelo ergreift als erster das Wort: „Uns ist es sehr recht, wenn wir in Ruhe und in Frieden mit euch reden können, das ist auch im Sinne unserer gesamten Bevölkerung. Wir haben auch unsere Wachen weit hinter uns gelassen, um euch zu zeigen, dass wir bereit sind, mit euch zu reden"

„Wir schätzen euch sehr und auch eure Intelligenz", fügt Andreasi hinzu. „Wir hören uns jederzeit gern auch Vorschläge an, und sind bereit, mit euch über alles zu diskutieren. Wir nehmen euch sehr ernst und sind sehr interessiert an eurer Meinung, denn wir wünschen uns nichts sehnlicher, als hier auf Acapolto friedlich miteinander zu leben, und wenn wir dazu eine dritte Partei brauchen, so soll es uns recht sein, wir wollen immer versuchen, Kompromisse zu finden."

Toto fährt fort. „Grundsätzlich waren wir mit

euch bisher auch zufrieden, aber in Zukunft müssen wir auf jeden Fall mehr respektiert werden. Aber in diesem speziellen Fall, seit sich dieses Raumschiff hier so nah an Acapolto befindet, sind wir mit eurer Regierung nicht mehr einverstanden. Nach wie vor empfinden wir diese Menschen als sehr bedrohlich. Wir haben uns informiert, dass es auf diesem Planeten Erde, von dem die Passagiere kommen, niemals friedlich zugegangen ist, sie haben nicht nur sich zerstört, sondern auch Tiere und Pflanzen und haben ihren ganzen Planeten in den Ruin getrieben, weil die Reichen immer reicher werden wollten und die Mächtigen immer mächtiger. Es gab genug auf der Erde, um alle Menschen zu ernähren, und doch haben sie es nie fertig gebracht, alle zu sättigen. Viele Jahrhunderte lang, oder vielleicht sogar Jahrtausende sind täglich Menschen an Hunger gestorben. Was sind das denn für Wesen, die sind alle total herzlos gewesen."

Micaelo schüttelt den Kopf. „Nein, so ist nur ein Teil der Menschen gewesen. Zum Glück gab es auch einen großen Teil Wesen auf der Erde, die ganz anders waren, die anderen halfen, die die Natur schützten, und die friedlich und freundlich zueinander waren, und weitere von ihnen haben es wenigstens immer wieder versucht, so zu sein oder so zu werden. Es war der kleinere

Teil der Menschen, der schlecht war. Aber dieser Teil war böse und skrupellos, und deswegen haben sie sich auch immer wieder an die Macht gebracht. Aber, und unserem Großen Kommandeur sei Dank, in diesem Raumschiff Zefir C4 gibt es keine bösen Menschen. Wir haben sie untersucht mit allen verfügbaren Geräten, auch mit Sensi und Runi und konnten feststellen, dass sie völlig ungefährlich sind. Deshalb bitten wir euch zum einen, die Kinder wieder freizulassen, und zum anderen, zuzustimmen, dass die Menschen zur Probe auf Acapolto verweilen dürfen. Ihr dürft sie gern beobachten, damit ihr feststellt, dass wir euch nicht angelogen haben."

„Das ist uns zu riskant", eröffnet ihm Bullo. „Wer weiß, welche versteckten Gefahren noch in ihnen lauern. Vielleicht spielen sie nur so friedlich und brav. Vielleicht können sie sich gut verstellen. Vielleicht ist das ja gerade ihr Trick, sich bei uns einzuschleusen und bei uns einzunisten. Wer weiß, ob sie nicht in sich irgendwelche versteckten Kraftquellen haben, die sie dann plötzlich aktivieren können, wenn sie erst einmal unter uns sind. Wenn irgendetwas Dunkles in ihnen steckt, und sich das dann hier vermehrt, dann bilden sie eine große Gefahr für uns und unseren Planeten. Es ist uns zu gefährlich mit diesen fremden Wesen."

Andreasi schüttelt den Kopf und sieht Bullo ernst an. „Es sind ja nur 24 Menschen, denen wir probeweise einmal Asyl geben können. Möchtet ihr nicht auch einmal darüber nachdenken?"

Bullo und Toto sehen sich an, Totos Augen flackern ein wenig, Bullos Blick wird hart. Er wendet sich an Micaelo. „Das können wir nicht zulassen. Die Gefahr ist zu groß, dass irgendwann einmal etwas passiert. Seid ihr nun bereit, uns das Versprechen zu geben, dass das Raumschiff unseren Planeten verlässt und weiter zieht, sobald man genug Vorräte dorthin geschafft hat? Andernfalls behalten wir die Kinder bei uns, sowohl die Menschenkinder als auch Woino und Erike. Wir erwarten jetzt eine verbindliche Antwort von euch und nehmen sie auch mit einem kleinen Gerät auf, damit ihr jederzeit daran erinnert werdet und dieses Versprechen hier amtlich ist. Wie sieht eure Antwort aus?"

Andreasi und Micaelo sehen sich fest in die Augen und nicken sich zu. Dann wendet sich Andreasi an Bullo und Toto: „Wir sind darauf bedacht, dass es den Kindern so gut wie möglich geht. Wir sind also nicht in der Lage, unsere Wünsche einfach durchsetzen können. Durch diese Geiselnahme und Erpressung habt ihr uns in der Hand. Wir versprechen euch, dass das Raumschiff fortfliegen wird, sobald die Kinder wieder bei uns sind."

Toto hält allen einen winzigen Monitor hin mit einem sensiblen Display, auf dem jetzt jeder der vier Acapoltaner zum Zeichen der Unterschrift seinen Daumenabdruck hinterlässt.

„Dann ist alles jetzt besiegelt", verkündet Bullo. „Wir werden alles veranlassen, dass die Kinder so bald wie möglich zu euch kommen. Aber ich warne euch, solltet ihr euren Vertrag nicht einhalten, wird es hier einen Krieg geben auf Acapolto. Wir werden euch dann demonstrieren, dass man so mit uns nicht umspringen kann."

„Das verstehe ich jetzt nicht ganz", wendet Micaelo ein. „Ihr fürchtet euch vor einer möglichen Gewalt von den Menschen, aber selbst wollt ihr hier gegen eure eigenen Mitbewohner Gewalt einsetzen. Wie passt das denn zusammen?!"

„Es ist ja nicht nur die Gewalt, die wir fürchten", erklärt Bullo. „Wir finden es auch nicht gut, dass die Menschen anders sind als wir Acapoltaner. Unter uns kommen wir gut zurecht, aber wer weiß, ob die anderen Eigenschaften der Menschen mit uns harmonieren oder uns nicht vielleicht stören. Wir sind an alles hier so gewohnt wie es ist, und es ist gut so, warum sollten wir es ändern?"

Andreasi schüttelt den Kopf. „In der Zeit, in der wir hier Acapolto bewohnen, haben wir uns zum Glück immer weiter entwickelt, nicht nur technisch sondern auch in unserem Wesen, wir haben immer versucht, uns mehr zu kultivieren, besser zu werden. Aber um Verbesserungen zu erreichen, muss man Veränderungen zulassen. Da ist die Flexibilität ganz wichtig. Denn vielleicht können wir ja auch etwas lernen von den Menschen. Ein kleines Risiko gibt es immer im Leben, aber das gibt es ja auch hier bei uns Acapoltanern. Da kann es auch immer mal wieder zu einer Überraschung kommen. Wir müssen eben immer bereit sein, an uns zu arbeiten. Und die Menschen bieten uns eine große Chance, für uns in der Entwicklung auch etwas zu lernen. Es ist wichtig, dass ihr auch noch einmal darüber nachdenkt. Natürlich hat das jetzt nichts mit unserem Versprechen zu tun: das Raumschiff wird sich entfernen."

***

33. Kapitel

Andreas und Michael erwachen aus einem kurzen, aber tiefen Schlaf, als ein lautes Geräusch sich über ihnen mit einem Brummen nähert. Sie entdecken über sich ein großes Flugobjekt, in runder Form, auf dem sich ein rotierender großer Propeller dreht. Nur wenige Meter neben ihnen landet es, das Geräusch des Motors verstummt.

„Sollen wir dorthin gehen?" fragt Michael seinen Bruder. „Es ist allerdings nicht sicher, ob wir dann möglicherweise bei den Rigorosi landen. Ich hoffe doch sehr, dass die hier zu den freundlichen Acapoltanern gehören, die uns nicht wegschicken wollen."

Andreas reckt sich und reibt sich die Augen. „Wir müssen es auf jeden Fall riskieren. Wir wissen ja nicht genau, in welcher öden Landschaft wir uns befinden, und unser Proviant reicht nicht für lange. Selbst wenn sie uns suchen, mit den Geräten, die es hier auf Acapolto gibt, könnten sie uns nicht finden, weil wir keine Chips tragen. Wir müssen also tatsächlich das Risiko eingehen, dass wir wieder zurück in die Hände der Rigorosi fallen."

„Wenn das wirklich Rigorosi sind, können wir ja behaupten, dass wir uns einfach nur verirrt haben. Wir haben ja sonst alles getan, was sie uns aufgetragen haben. Dann können sie doch froh sein, dass wir auch die Runi und Sensi bei uns tragen."

Die beiden Jungen setzen ihre Rucksäcke auf und streifen durch die Büsche in die Richtung, aus der sie das Flugobjekt zum letzten Mal gehört haben. Nach wenigen Metern treten sie aus dem Buschwerk heraus auf eine große Lichtung. Vor ihnen stehen etwa zehn der großen Flugobjekte, von denen sie das erste beim Erwachen gesehen haben. Neben einigen von ihnen stehen Acapoltaner in grünen und blauen Uniformen.

„Das sind bestimmt keine Rigorosi", vermutet Andreas. „Die hier tragen Uniformen, aber die Rigorosi waren wie die anderen in die komischen langen Gewänder gehüllt. Ich glaube, wir können uns denen ruhig nähern und sie fragen ob sie uns zurück nach Treja bringen können. Sie sehen auch so gar nicht bedrohlich aus."

„Nein, überhaupt nicht." Michael nickt zustimmend. „Wir müssen ihnen ja nicht auf die Nase binden, dass wir Menschen sind."

Zielstrebig gehen die beiden Brüder auf ein Flugobjekt zu, vor dem zwei Acapoltaner stehen und sich unterhalten.

Sie schauen auf, als die beiden Jungen näher kommen und gehen ihnen ein paar Schritte entgegen.

Andreas um Michael grüßen und stellen sich mit ihren Namen vor.

„Wir sind Freunde von Woino und Erike, den Söhnen von Hermes, die ihr ja bestimmt kennt, weil sie im Gremium und in einer hohen Position der Grünen Partei ist. Wir haben uns hier leider verirrt. Könnt ihr uns vielleicht den Weg wieder zurück nach Treja beschreiben? Oder wäre es euch möglich, uns sogar ein Stück mitzunehmen? Hermes, Micaelo und Andreasi, eure Gouverneure, wären euch sicher sehr dankbar."

Die Männer in Uniform schöpfen keinen Verdacht, Nasen und Augenmasken sitzen bei den beiden Jungen wieder perfekt. Freundlich bemühen sie sich um die Kinder und bieten ihnen zunächst einmal eine Stärkung an.

„Wir beide, Hieronymus und Katapultus, sind die Flugkapitäne dieses Flugobjekts." Der größere der beiden Piloten stellt sich vor. „Selbstverständlich werden wir euch zurückfliegen, wenn wir euch damit einen Gefallen tun können. Natürlich tun wir das auch gern für Hermes. Wir kennen sie nämlich persönlich, sie ist nämlich unsere Schirmherrin. Ich nehme an, dass ihr nicht noch lange hier bleiben wollt. Ich werde sofort den Flug anmelden und alles vorbereiten. Ist das so in Ordnung für euch?"

Die beiden Jungen nicken und atmen auf. Andreas besieht sich interessiert das Flugobjekt, er hat einige Fragen auf der

Zunge, aber er hütet sich, etwas in dieser Richtung zu sagen, damit sie sich nicht als Menschen verraten.

Beim Einsteigen in das Objekt halten Andreas und Michael noch einmal kurz den Atem an. Ob hier die Einsteigenden beim Eintreten auf Chips überprüft werden? Ob sie jetzt durch Sensoren erkannt werden? Mit Spannung warten sie auf ein Summen oder Klingeln.

Aber alles bleibt still und nichts geschieht. Befreit atmen sie auf.

Wenige Minuten später sitzen die beiden Jungen in dem Bimi, diesen Namen des Flugobjekts haben sie aus dem Gespräch der beiden Piloten herausgehört, und hoffen, dass sie sich auf dem weiteren Flug nicht verraten.

Während Katapultus den Bimi fliegt, serviert ihnen Hieronymus verschiedene Früchte und Getränke.

„Hast du schon einmal gefährliche Situationen erlebt?" fragt Andreas ihn nach alten Geschichten.

Tatsächlich geht Katapultus gern darauf ein und berichtet einige Anekdoten aus seiner Fluggeschichte. Er schildert Gefahrensituationen, die durch technische Defekte entstanden sind und berichtet von einer abenteuerlichen Landung in den Sümpfen, die sie aber dann doch relativ unbeschadet überstanden hatten.

So vergeht ihnen die Zeit im wahrsten Sinne des Wortes im Flug und die Stadt Treja wird unter ihnen sichtbar.

Während Hieronymus die Landung einleitet, berichtet Katapultus, dass er die beiden Jungen per SMS schon am Flughafen angemeldet hat.

„Und denkt euch nur, Hermes ist auch schon da, um euch abzuholen. Jetzt können wir es euch ja auch verraten: am Anfang waren wir ein wenig misstrauisch euch gegenüber. Wir hatten euren Namen noch nie gehört und haben natürlich Hermes sofort schriftlich und unauffällig kontaktiert, noch als wir auf dem Monte Magika waren. Als sie uns dann versicherte, dass mit euch alles in Ordnung ist, waren wir beruhigt. Wir gehören nämlich auch zu einer besonderen Sicherheitsgruppe. Ab und zu sichern wir oben auf dem Berg den Landeplatz, indem wir die Wachposten kontrollieren, aber ab und zu, bei besonderen Gelegenheiten arbeiten wir auch als Sicherheits-Personal für Micaelo und Hermes. Ihr dürft uns nicht böse sein, dass wir so misstrauisch waren. Aber gerade wir als Sicherheitsleute wissen, wie vorsichtig man sein muss, selbst wenn es sich um Kinder handelt, so wie ihr sie seid. Unser persönlicher Eindruck von euch war sehr gut, aber darauf allein darf man sich ja nicht immer verlassen."

Michael nickt. „Natürlich. Das können wir

sehr gut verstehen. Wir könnten ja sonst auch der Gruppe der Rigorosi angehören und irgendeine üble Sache vorhaben. Hermes war sicher schon sehr in Sorge um uns, und sie hat uns sicher auch sehr vermisst."

„Ja, das hat sie euch bestimmt auch erzählt. Hat sie euch sonst noch irgendwelche Informationen gegeben?" erkundigt sich Andreas.

„Nein, sonst nichts, Andreas." Katapultus überprüft, ob die Kinder zur Landung gut angeschnallt sind. „Sie sagte nur, dass ihre Familie schon auf euch wartet und froh ist, dass es euch gut geht. Und dass wir gut auf euch aufpassen sollen, damit ihr unbeschadet wieder zurück auf den Boden kommt."

Die beiden Brüder sehen sich bedeutungsvoll an und haben beide den gleichen Gedanken: also hat ihnen Hermes nicht erzählt, dass sie Menschen sind. Und sie hat den beiden Piloten auch nichts davon erzählt, was mit Woino und Erike passiert ist. Ob sie wohl schon zu Hause sind?

Nach einer sanften Landung öffnet Hieronymus den Kindern den Ausstieg. Hermes und Micaelo eilen herbei und nehmen die beiden Jungen in Empfang. Sie schließt sie nacheinander fest in ihre Arme, so, als ob es ihre eigenen Kinder wären.

Tränen der Rührung stehen in ihren kleinen Augen.

„Ich freue mich ja so sehr, dass ihr wieder da seid! Aber jetzt wollen wir erst einmal schnell nach Hause, damit ihr eine schöne Dusche nehmen und hinterher mein Festtagsessen genießen könnt."

***

34. Kapitel

Als Woino und Erike erwachen, zieht eine Schar von Flugmäusen über ihnen.

Der Junge staunt. „Das ist mir neu, dass sich die Flugmäuse bis hierunter in diese Gegend wagen. Es sieht mir ganz danach aus, als wären sie in ihrer Region durch irgendetwas aufgescheucht worden."

Erike reibt sich die Augen. „Ja das ist sehr merkwürdig. In der Schule haben wir gerade noch darüber gesprochen, und ich habe die Gebiete, in denen sie sich aufhalten, auswendig gelernt. Aber niemals ist eine in der Gegend vom Monte Magika gesichtet worden. Und wir haben auch darüber gesprochen, dass es dort, wo sie leben, genug Futter für sie gibt. Es gab also keinen Grund dafür, freiwillig von dort weg zu gehen. Vielleicht sind dort jetzt auch die Rigorosi und haben wieder irgendetwas Böses vor. Irgendwie habe ich ein ungutes Gefühl. Komm, lass uns schnell von hier fortgehen, wir können ja dann woanders eine Pause machen und später etwas essen. Ich will jetzt lieber schnell von hier fort."

Die beiden Kinder verlassen ihr Lager, zupfen sich die Kleider ein wenig zurecht und begeben sich auf den Weg, den Woino für sie beide aussucht. Sie eilen, so schnell wie sie können, durch das Gestrüpp und bahnen sich einen Weg durch ein unwegsames Gebiet.

Plötzlich bleibt Woino stehen. „Das kann ich jetzt gar nicht verstehen. Die alten Bäume, die ich kannte, sind wie vom Erdboden verschwunden. Diese neue Vegetation kenne ich gar nicht. Offenbar hat man hier inzwischen die Natur wieder aufgeforstet, und zwar in einer wilden Vegetation, die sich hier an die Sümpfe angleicht. Zu dumm, dass ich eine ganze Weile nicht hier war. Jetzt kann ich den Weg nicht mehr nach den alten Merkmalen finden. Jetzt muss ich einfach raten, in welche Richtung wir gehen müssen. Aber mach dir bitte keine Sorgen und hab keine Angst! Ich habe eine gute Nase und einen guten Riecher. Mein Gefühl wird uns schon richtig führen."

„Ich weiß nicht, glaubst du wirklich, dass du so den richtigen Weg findest? Gibt es denn wirklich keinen einzigen alten Baum, der stehen geblieben ist?" Erike sieht den Bruder ängstlich an.

„Nein, sie haben alles wirklich völlig neu bepflanzt. Aber wenn wir immer weiter in diese Richtung gehen, kann uns gar nichts passieren. Wir sind auch immer noch weit genug vom tiefen Sumpf, der rechts neben uns liegt. Wir müssen uns also auch nicht vor wilden Bremmies fürchten. Und wenn wir wirklich einmal zu nah an den Sumpf geraten, dann sehe ich das sofort. Denn dort gibt es eine ganz andere Vegetation. Ich kenne mich sehr gut aus mit den Pflanzen, die Sumpfpflanzen haben ganz andere Farben."

„Gut, wenn du meinst", gibt die Schwester nicht sehr überzeugt nach und folgt ihrem Bruder.

Sie stapfen mehrere Stunden durch das unwegsame Gebiet.

„Wie sieht es denn jetzt mit unseren Vorräten aus?" erkundigt sich Erike. „Mir knurrt ziemlich der Magen."

Woino bleibt stehen und sieht in seinem Rucksack nach. „Zu essen haben wir noch reichlich, aber unsere Trinkvorräte werden langsam knapp. Es wird wirklich Zeit, dass wir an eine Straße gelangen. Ich denke, ab jetzt können wir uns etwas weiter nach Westen wenden. Dort müssen wir bald auf eine große Durchgangsstraße treffen."

„Aber dann will ich erst einmal etwas essen", fordert Erike. „Sonst bin ich gleich ganz verhungert."

Woino lacht und gibt nach. Sie setzen sich zwischen die hohen Grasbüschel und stärken sich mit getrockneten Früchten und verschiedenen Nüssen.

„Ob uns wohl inzwischen jemand sucht?" überlegt Erike.

„Nur, wenn man inzwischen Andreas und Michael gefunden hat. Die könnten dann einen Tipp geben, wo in etwa wir uns befinden. Aber wenn man sie noch nicht gefunden hat, oder sie sogar wieder in die Hände der Rigorosi gefallen sind, dann sieht es nicht so gut für uns aus. Denn erstens, wo auf dem ganzen Planeten wollte man anfangen uns zu suchen?! Und zweitens, solange unsere Leute noch denken, dass einer von uns vieren sich bei den Rigorosi aufhält, so lange will man diese Geiselnahme auch nicht unterbrechen, um uns nicht zu gefährden."

„Das macht mir gerade keinen großen Mut", klagt Erike und knabbert an einer getrockneten Tomate. „Dann müssen wir ab jetzt noch etwas schneller gehen. Deine Blätter haben wirklich sehr gut geholfen, mein Fuß tut schon gar nicht mehr weh und ist auch kaum noch geschwollen. Also werden wir nach dieser Pause ein bisschen voran machen. Meinst du, die Rigorosi werden uns bis hierhin verfolgen?"

„Ich hoffe es nicht, sie müssen ja auch davon ausgehen, dass uns doch unsere Leute von der anderen Seite aus irgendeinem Grund schon entgegenkommen. Aber sicher kann man dann nie sein. Wer weiß, was einem von ihnen noch so einfällt. Die scheinen ja auf die unmöglichsten Ideen zu kommen, und in manchen Dingen sind sie auch nicht wirklich clever, zum Glück."

„Sie sind wirklich verrückt", findet Erike. „Stell dir vor, sie würden außer dem Kraftfutter für die Bremmies auch noch solche Lebensmittel für uns Acapoltaner erfinden und herstellen! Das wäre ja eine Katastrophe. Und wenn sie dann nur selbst davon essen, werden sie viel größer und stärker sein als die übrigen. Dann hätten sie auch immer eine Macht über alle. Wir müssen unbedingt davon zu Hause berichten, damit sie diese Forschungsreihen beenden und die Formeln vernichten. Es könnte ja sonst zu Katastrophen führen. Ich hoffe, sie haben noch nicht in diese Richtung weiter entwickelt."

„Das wäre wirklich schlimm", stimmt ihr der Bruder zu. „Auch diese großen Kampfroboter sind sehr gefährlich. Wer weiß, was man damit alles anrichten kann? Es wird wirklich Zeit, dass denen jemand Einhalt gebietet. So können wir wirklich nicht friedlich auf unserem Planeten leben. Was sie wohl mit den Runi und Sensi vorhaben, das wüsste ich auch einmal gern. Bestimmt nichts Gutes."

Die beiden Kinder setzen sich die Rucksäcke wieder auf und stapfen weiter, vorsichtig immer zwischen den hohen Grasbüscheln. Aufmerksam blickt Woino in die Ferne.

„Es ist immer noch kein bekannter Baum in Sicht, leider alles auch hier in neuer, unbekannter Bepflanzung. Es ist auch weit und breit nichts zu sehen, was einer Straße ähnlich sieht. Nur weites Land ringsumher. Das ist mir ganz unverständlich. Trotzdem müssen wir gleich noch mal eine Pause machen und etwas trinken. Wir nehmen eben nur wenige Schlucke und müssen uns den Rest ganz gut einteilen."

„Du machst das schon alles gut", lobt ihn Erike. „Ich vertraue dir. Und solange wir weiter noch Kraft zum Kämpfen und zum laufen haben, wird uns auch gar nichts passieren. Und ich glaube auch, dass wir beschützt werden vom Himmel, vom obersten Kommandeur, daran glaube ich ganz fest, und deswegen glaube ich, dass wir uns retten oder gerettet werden."

***

35. Kapitel

Voller Aufregung tritt der Spion Tinnitus an den Tisch, an dessen Seiten links und rechts Toto und Bullo sitzen.

Ohne eine Begrüßung sprudelt er es heraus: „Es ist wirklich nicht zu glauben. Wir sind betrogen worden, und zwar auf ganzer Linie."

Die beiden selbst ernannten Gouverneure der Partei der Rigorosi springen auf.

„Was ist los?" Bullo ergreift als erster das Wort.

Tinnitus reißt die Augen auf und zieht die Augenbrauen hoch. „Die erste schlimme Nachricht ist, dass kein Mensch mehr im Raumschiff ist. Sie wurden heimlich von der Zefir C4 mit einem Raketello zu uns heruntergeholt. Das ist eine Katastrophe, denn jetzt ist es viel schwieriger, sie wieder loszuwerden. Die zweite schlechte Nachricht ist: die beiden Menschenkinder Michael und Andreas sind wieder zurückgekehrt und befinden sich wieder bei Hermes, die sie wohl auch von Anfang an betreut hat und sie offenbar wie eine Mutter versorgt. Diese beiden Jungen haben mit Sicherheit auch erzählt, dass wir unser Zelt in der Gegend des Monte Magika aufgeschlagen haben. Vermutlich werden sie jetzt mit speziellen Flugobjekten, die sie ja leider besitzen, nach Woino und Erike suchen. Ich denke, es wäre angebracht, noch einmal einen Suchtrupp nach Woino und seiner Schwester auszusenden, damit wir sie vor den Trupps der beiden Gouverneure wieder einsammeln und einfangen können. Das wäre jetzt mein Vorschlag dazu."

Toto schüttelt den Kopf. „Nein, das hat gar keinen Zweck. Ich habe inzwischen herausgefunden, dass sich Woino in dieser Gegend leider sehr gut auskennt, und so sind sie vermutlich kurz nach ihrer Ankunft geflohen. In dieser Richtung etwas weiter zu unternehmen, ist sinnlos. Wir müssen unsere ganze Aufmerksamkeit und Kraft jetzt auf etwas ganz anderes richten. Jetzt gibt es kein Pardon mehr. Dieser Vertragsbruch wird einen Krieg zur Folge haben. Mit friedlichen Lösungen kommen wir jetzt nicht weiter."

Bullo nickt mit dem Kopf. „Genauso sehe ich das auch, mein Lieber. Jetzt müssen wir eine andere Richtung einschlagen. Wir werden alles vorbereiten für einen Krieg."

Tinnitus überlegt. „Aber wäre das nicht etwas zu übereilt? Schließlich kann es ja auch sein, dass Micaelo und Andreasi die Menschen nur für ein paar Tage hierher geholt haben, damit sie sich etwas erholen können. Wer sagt uns denn, dass sie sie nicht wieder in ihr Raumschiff schicken und dann doch wieder zur Abreise auffordern?"

„Das ist uns viel zu riskant", meint Toto. „Nachher kommen sie noch auf die Idee, das Raumschiff völlig in Luft aufzulösen. Dann haben wir diese Menschen für immer am Hals."

Tinnitus denkt in eine völlig neue Richtung. „Und kann es denn nicht sein, dass diese Menschen vielleicht gar nicht so schlimm sind wie wir das von ihnen denken? Wir könnten ihnen auch Chips verpassen und sich ständig unter Beobachtung halten."

Bullo sieht ihn wütend an. „Soweit darf es auf keinen Fall kommen. Wenn diese Menschen dann hier bleiben, werden sie sich auch hier im Laufe der Zeit verheiraten, und dann mischt sich alles hier. Das wäre doch eine Katastrophe. Die haben doch so kleine Nasen und so riesige Augen und überhaupt keinen Rückenkamm. Wie sollen denn dann diese Mischlinge aussehen?"

Tinnitus denkt nach. „Vielleicht sähe das ja ganz gut aus. Es ist ja nicht immer notwendig, dass alles so bleibt wie es ist, und immer gleich aussieht. Schließlich sahen wir früher auch ganz anders aus als heute. Wenn ich bedenke, dass wir auf dem Rücken von oben bis unten solch einen Kamm hatten wie die Dinosaurier, dann sehe ich daran, dass wir uns doch schon sehr viel weiter entwickelt haben. So große Augen müssen ja auch nichts Schlechtes sein. Und vielleicht finden wir eines Tages die kleinen Nasen auch ganz hübsch. Ich glaube, es ist alles eine Gewöhnungssache. Und ich finde auch, dass man sich wirklich einmal selbst überzeugen sollte, ob man mit den Menschen nicht doch ganz gut leben kann."

Toto sieht ihn entsetzt an. „Woher hast du denn solche verräterischen Ansichten? Wenn du nicht so ein guter Spion wärst und wir dich in der nächsten Zeit nicht sehr brauchen würden, gäbe es gar kein Pardon für dich, dann würdest du aus der Partei der Rigorosi sofort ausgeschlossen. Das hört sich ja ganz so an, als hättest du dich von den anderen beeinflussen und bereden lassen. Wir alle hier sind uns völlig sicher, dass wir auf dem richtigen Weg sind und es nicht dulden können, dass sich hier fremde Wesen breit machen."

„Da wäre ich mir nicht so sicher", antwortet Tinnitus. „Du und Bullo, ihr seid wirklich die einzigen, die so vollkommen fanatisch sind. Alle anderen stehen noch ganz halbherzig hinter euch und wollen es sich nicht mit euch verderben, weil ihr euch bisher immer so gut um sie gekümmert und für sie eingesetzt habt, und weil es bei euch so viele interessante Jobs gab. Jobs, in denen sie alle ihr Können zeigen konnten. Ihr wart schlau genug und habt ihnen immer noch extra Belohnungen gezahlt und habt sie immer wieder gelobt und motiviert. Aber in

Wirklichkeit sieht das eben ganz anders aus. Wenn ihr heute eine Umfrage machen würdet bei euren Anhängern, dann würdet ihr sehr schnell herausfinden, dass man bei diesen Dingen nicht eurer Meinung ist. Das alles sind hier sehr mutige Leute, und keiner hat wirklich Angst vor den Menschen, alle sind sehr intelligent und können sich gut vorstellen, dass man die Wesen von der Erde auch hier mit gutem Willen integrieren kann, und um Platz geht es auch nicht, den haben wir schließlich hier genug auf Acapolto."

Toto und Bullo sehen sich entsetzt an.

„Ist das wirklich wahr? Hast du das so spioniert?" will Bullo wissen.

„Natürlich. Warum sollte ich euch anlügen?! Ich wollte für euch die Lage ein bisschen inspizieren. Ich sehe auch eine große Gefahr darin, dass ihr die beiden Kinder Andreas und Michael hier bei euch festgehalten habt. Das nehmen euch die meisten auch sehr übel, und vor allen Dingen haben sie gesehen, dass das wirklich zwei sehr nette Jungen sind, mit denen man sehr gut umgehen kann. Deswegen dürft ihr jetzt keinerlei Risiko mehr eingehen, sonst werdet ihr es euch ganz schnell mit euren Anhängern verscherzen."

Bullo schüttelt den Kopf. „Nein. Dass diese Sache so weiterläuft, werde ich nicht zulassen. Wir werden unseren Anhängern noch mehr positive Dinge versprechen. Wir werden ihnen sagen, dass wir viel Gutes mit ihnen vorhaben. Wir versprechen ihnen höhere Löhne und mehr Freizeit, aber es gibt keine andere Wahl, und wir sind fest entschlossen, uns gegen die Grüne und die Blaue Partei zu wehren. Wir werden das nicht so hinnehmen. Die Menschen sind ohne unser Einverständnis hier hergeholt worden, das können wir nicht durchgehen lassen. Deswegen gibt es gar kein Hin und Her. Wir sind fest entschlossen zum Krieg. Dabei werden wir dann auch die Menschen in Gefangenschaft nehmen und sie wieder zurück zu ihrem Raumschiff bringen. Wir persönlich werden dafür sorgen, dass sie unsere Umlaufbahn wieder verlassen und weiter ziehen in den Weltraum."

***

36. Kapitel

Hermes stellt Andreas und Michael einen Vitamindrink auf den Tisch. „Es ist gut, wenn ihr euch nach diesem Schrecken ausruht, nach dem anstrengenden Abenteuer eine besondere Stärkung zu euch nehmt. Nachdem ihr so viel durchgemacht habt, müsst ihr euch erst einmal wieder erholen."

Die beiden Jungen bedanken sich und probieren das fruchtige Getränk.

„Wenn ihr wollt, könnt ihr erst mal weiter bei mir wohnen. Wenn ihr aber lieber zu den anderen Menschen ins Kassa Grande gehen möchtet, so kann ich das auch verstehen."

„Nein, vielen Dank! Ich wäre schon lieber hier", erklärt Michael.

„Ich würde auch lieber gern hier bleiben", beeilt sich Andreas hinzu zu fügen.

Hermes nickt und sieht die beiden freundlich an. „Das gefällt mir sehr gut. Ich habe mir immer schon eine große Familie gewünscht, und ich hoffe, dass Woino und Erike bald wieder hier sind. Dann scheint mir unsere Familie komplett zu sein. Glücklicherweise ist der Suchtrupp schon unterwegs und sieht sich rund um den Monte Magika am Carnac-See nach den beiden um. Euch zu suchen wäre ja viel schwieriger gewesen, weil ihr keine Chips habt. Aber unsere Leute sind unterwegs mit besonderer Gerätschaft, mit Sensoren, die Chips orten können, auch aus über 300 m Entfernung. Wir besitzen sogar einen Sensor, der einen Kern aus Runi hat, der hat einen solch empfindlichen Sensor, dass man damit die Chips aus 1000 m Entfernung wahrnehmen kann."

Andreas freut sich. „Dann haben Woino und Erike eine gute Chance, bald gefunden zu werden."

„Ich würde auch gern mit suchen", schlägt Michael vor. „Woino und Erike sind unsere Freunde, und ich würde gern mithelfen."

Hermes lächelt. „Das glaube ich dir gern. Aber ich bin froh, dass wenigstens ihr schon einmal gesund und munter wieder bei mir seid. Ich selbst hatte den Hilfstrupps auch schon vorgeschlagen, mitzuhelfen, mit zu suchen, aber man hat mir versichert, dass die Suche sehr professionell angelegt wird, und dass Personen, die nicht 100-prozentig dafür ausgebildet sind, eher stören als nützlich sein können. Daher müssen wir wohl hier gemeinsam geduldig warten. Allerdings kann ich euch auch ein paar gute Nachrichten übermitteln. Den anderen Passagieren von eurem Raumschiff geht es inzwischen sehr gut. Sie fühlen sich wohl im Kassa Grande, wo sie gut versorgt werden und sie auch schon viel Gesellschaft von anderen Acapoltanern haben, mit denen sie sich bereits sehr gut verstehen. Es haben sich einige Spielkreise gebildet, man unterhält sich angeregt, man erzählt sich gegenseitig sehr viel Wissenswertes, und es gibt bereits kleine Arbeitskreise, in denen sich die Menschen und die Wesen unseres Planeten in den Bereichen der Forschung ihre Erkenntnisse vermitteln und sogar schon damit arbeiten. Andreasi und Micaelo sind bereits voll davon überzeugt, dass eine Integration der Menschen möglich ist. Und so wie es aussieht, gefällt es auch den Menschen hier, sodass wir für eine positive gemeinsame Zukunft viele Hoffnungen haben."

„Und was ist jetzt mit Toto und Bullo?" erkundigt sich Andreas.

„Konnte man sie inzwischen von ihrer extremen Meinung abbringen?" möchte auch Michael wissen.

Hermes schüttelt den Kopf. „Sie fühlen sich leider in die Enge gedrängt. Und da sie nun keine Geiseln mehr haben, fühlen sie sich auch hilflos. Diese Hilflosigkeit ist bei ihnen gefährlich, denn nun könnten sie das Gefühl haben, uns ausgeliefert zu sein. Wir müssen nun damit rechnen, dass sie irgendetwas gegen uns unternehmen. Vermutlich sind die beiden zu allem fähig. Aber wir vertrauen auf die Anhänger der Rigorosi. Denn die meisten von ihnen sind nur Mitläufer und teilen nicht die Meinung ihrer beiden Anführer. Toto und Bullo müssen sehr aufpassen mit dem was sie tun, damit sie nicht alle ihre Anhänger verlieren. Die meisten Rigorosi waren auch mit der Geiselnahme der Kinder nicht einverstanden, und nun habe ich gehört, dass Toto und Bullo behaupten, sie hätten euch mit voller Absicht laufen lassen. Mit dieser Behauptung wollen sie bei ihren Leuten wieder punkten. Deswegen müssen sie auch mit allem, was sie tun sehr vorsichtig sein. Auch wenn sie vielleicht jetzt sehr böse und wütend sind, werden sie nicht zum Äußersten greifen, da sie sonst mit Sicherheit alle Anhänger verlieren."

„Dann wird es also keinen Krieg geben?" Andreas atmet auf.

„Ich kann mir schon vorstellen, dass es zu Kampfhandlungen kommt." Hermes verzieht bedauernd das Gesicht. „Aber ob sie Personen ernsthaft gefährden, das werden sie sich sehr genau überlegen müssen. Daher vermute ich, dass sie ihre Kampfhandlungen auf Materialien beschränken werden, was auch sehr übel ausgehen kann. In dem einzigen Krieg, den es hier vor langer, langer Zeit einmal auf Acapolto gab, wurde auch einiges zerstört, das sehr wertvoll war: Ein paar historische Kunstschätze und einige wissenschaftliche Arbeiten. Übrigens, in dieser Hinsicht müssen wir sicher die Rigorosi demnächst etwas kontrollieren, damit sie nicht ihre

Erfindungen für negative Zwecke nutzen. So etwas fällt am Ende immer auf alle zurück."

„Irgendjemand müsste mit ihnen reden", schlägt Michael vor. „Wenn sie nicht ganz dumm sind, müssten sie doch einsehen, dass sie sich und allen anderen Wesen auf Acapolto schaden, wenn sie so weitermachen. Das haben wir alle in unserem Raumschiff erkannt. Wir haben oft über die Zustände auf der Erde diskutiert, die Menschen haben sich immer sehr viel Schaden zugefügt mit den Kriegen und besonders mit ihrer Uneinsichtigkeit. Im Raumschiff haben wir immer sehr viel miteinander geredet und das hat auch allen immer viel gebracht."

Hermes nickt. „Das ist immer ein gutes Konzept, dass wir hier auf Acapolto immer anwenden und bisher auch gut damit gefahren sind. Aber es scheint immer mal wieder ein paar Wesen zu geben, die doch Größen wahnsinnig sind und um jeden Preis ihre eigene Macht über alles andere, auch über die Vernunft stellen wollen. Und wenn sie dazu noch eigensinnig und stur sind, wird es besonders schwierig. Wir wollen einmal gemeinsam überlegen, ob uns irgendetwas Besonderes einfällt, womit wir Toto und Bullo überzeugen können. Denn ich bin sicher, niemand außer diesen beiden will hier den Frieden zerstören."

Michael und Andreas stimmen ihr zu.   ***

37. Kapitel

Erike und Woino sitzen im hohen Gras unter einem grünen Busch. Das Mädchen lehnt den Kopf an die Schulter des Bruders und seufzt matt: „Ich wünschte, wir wären wieder zu Hause bei Mama. Im Moment kann ich gar nicht glauben, dass wir irgendwann einmal gefunden werden. Ich habe schrecklichen Durst, und ich glaube, wenn ich nicht bald etwas zu trinken bekomme, werde ich bestimmt sterben. Kannst du dir wirklich vorstellen, dass wir gefunden werden?"

Woino sieht seine Schwester liebevoll an. „Natürlich, Erike! Das wird ganz sicher geschehen. Du weißt doch, unsere Leute sind nicht dumm und haben so viele Möglichkeiten, uns zu entdecken. Sie werden mit den großen Flugobjekten über uns her fliegen, um uns zu suchen. Und sie werden einzelne Trupps aussenden, die zu Fuß nach uns suchen und diese Gruppen sind mit sensiblen Sensoren ausgestattet. Wenn Andreas und Michael inzwischen gefunden wurden, dann werden sie unseren Leuten erzählen, dass wir uns in der Nähe des Monte Magika aufhalten. Und ich habe Andreas erzählt, dass wir von dort aus fliehen wollen. Da ist die einzige Richtung der Süden, das ist die Richtung die nach Treja führt. Und sie wissen auch, dass ich mich ja auskenne. Also können sie sich denken, dass wir ein Stück weit gekommen sind. Du musst nicht traurig sein und nicht verzweifeln, es wird nicht mehr lange dauern, dann haben sie uns gefunden."

„Das sagst du doch nur, weil du mich jetzt trösten willst", vermutet Erike. „Wahrscheinlich glaubst du selbst nicht daran. Wir sind so weit weg, auch schon wieder vom See. Wir sind irgendwo mittendrin und so nah an den Sümpfen, ich kann sie von hier aus sehen, und ich weiß auch ganz genau, dass es hier ganz viele wilde Bremmies gibt. Und ich habe auch immer wieder Angst vor den Flugmäusen, die hier über uns kreisen. Vielleicht sind sie ja inzwischen auch durch irgendein Futter von den Rigorosi wild geworden. Außerdem ist das auch hier für unsere Flugobjekte sehr gefährlich. Ich weiß, die Piloten fliegen nicht gern durch die Scharen der Flugmäuse."

„Du musst dir ja nicht so viele Sorgen machen. Das sind jetzt alles nur deine Nerven, weil du zu wenig gegessen und zu wenig getrunken hast. Du hast auch viel zu wenig geschlafen und dich wirklich zu viel angestrengt mit deinem verletzten Bein. Deswegen bist du jetzt so mutlos und verzweifelt. Diese Flugmäuse hier sind überhaupt nicht gefährlich, sonst hätten sie uns schon längst angegriffen. Im Grunde genommen können die Rigorosi auch gar kein Interesse daran haben, sie zu verändern. Schließlich würde das auch ihren Luftraum stören. Und mit gefährlichen Vögeln können sie gar nichts anfangen, sie können ja nicht dressiert werden. Für solche Zwecke haben wir unsere fliegenden Fotoapparate, mit denen man sehr viel machen kann. Dieses Gebiet ist jetzt gar nicht so schlecht, unsere Flugobjekte sind so geschaffen, dass sie auch hier landen können, und die paar Flugmäuse können sie nicht aufhalten oder gefährden. Du musst also wirklich keine Angst haben. Auch können sich unsere Leute denken, wie weit wir so an einem Tag gehen können und können sich danach ausrechnen, wie weit wir vom See entfernt sein mögen. Tu mir den Gefallen, und halte noch ein bisschen durch. Ich verspreche dir, dass man uns findet. Ich verspreche dir, dass alles gut wird." Er streichelt Erike über das Haar. Dann öffnet er die Trinkflasche und lässt sie den letzten Rest Wasser austrinken.

„Und jetzt versuche dich ein bisschen auszuruhen, schlaf ein wenig! Dann wird die Zeit ganz schnell vergehen, und bevor du aufgewacht bist, ist schon jemand bei uns und hat uns gefunden."

Erike verzieht den Mund zu einem schwachen Lächeln. „Also gut. Ich glaube dir, und ich werde versuchen, jetzt etwas zu schlafen. Dann spüre ich meinen Durst nicht mehr so, und ich muss nicht immer daran denken, wie einsam und verlassen wir doch sind. Es ist gut, dass wir zusammen sind, allein würde ich das Ganze nicht durchstehen. Vielleicht kannst du ja auch ein bisschen schlafen. Du musst jetzt nicht wachen, um auf uns aufzupassen. Ich werde schon wach, wenn ich ein quietschendes Bremmi höre. Und sie sind ja auch nicht leise, wenn sie hier so durch das trockene Gras kommen, dass raschelt zum Glück."

Sie schließt die Augen und Woino deckt sie zu. Während sie schläft, sieht er sich mit wachen Augen um. Erst als er ringsum mit seinen Augen den Horizont abgetastet hat und nichts Verdächtiges erkennen kann, wagt auch er es, sich einem leichten Schlaf hinzugeben.

***

38. Kapitel

Im Kassa Grande haben sich alle 24 Passagiere der Zefir C4 im Sitzungssaal auf Aufforderung von Damas versammelt. Micaelo und Andreasi betreten mit den Gremien den Raum und begrüßen die Anwesenden.

Nachdem alle Platz genommen haben, ergreift Andreasi das Wort. „Wir haben uns hier versammelt, weil ich euch wichtige Tatsachen mitteilen muss. Leider haben uns die Rigorosi mit den Anführern Bullo und Toto mit massiven Maßnahmen den Krieg erklärt. Sie sind mit ihren Kampfrobotern zu unseren beiden Hauptstädten vorgedrungen und halten sie umzingelt. Zur Warnung haben sie am Rande beider Städte mehrere Häuser besetzt. Außerdem halten sie eine Maschinenfabrik in ihrer Gewalt und stehen hier, umringt von etlichen Kampfrobotern vor dem Kassa Grande. Vor etwa einer Stunde ließen sie uns fragen, ob wir bereit seien, euch wieder in euer Raumschiff zu transportieren. Wir haben das aus zwei Gründen abgelehnt. Zum ersten möchten wir euch nicht abschieben, weil wir uns inzwischen entschlossen haben, euch bei uns zu integrieren. Zum anderen wollen wir es natürlich nicht zulassen, dass man uns zwingt, etwas zu tun, das nicht recht ist. Und wir wollen auch nicht, dass man uns erpresst. Ihr seid also bei uns erst einmal in Sicherheit. Denn die Rigorosi werden es nicht wagen, euch gewaltsam hieraus zu holen. Wir haben inzwischen auch verschiedene Möglichkeiten ins Auge gefasst, wie und mit welchen Mitteln wir ihnen entgegentreten. Unsere beste Waffe sind die Geduld und die Zeit, denn beides haben die Rigorosi nicht. Wie wir herausgefunden haben, sind die Roboter gut steuerbar durch die Begleitpersonen, aber sie haben sehr schwache Batterien und Akkus. Diese müssen alle paar Stunden wieder aufgeladen werden, was auch mit einfachen Kabeln an jeder Steckdose in die Wege geleitet werden kann. Deswegen haben wir uns überlegt, unsere Bürger zu informieren, dass überall, auch in den Haushalten die Energiezufuhr für eine Weile von der Zentrale aus abgeschaltet wird. Wenn die Kampfroboter keine Energie mehr besitzen, sind sie für die Zwecke der Rigorosi nicht mehr geeignet, denn dann funktionieren sie einfach nicht mehr. Euch bitten wir jetzt, hier die Ruhe zu bewahren und uns zu vertrauen. Denn wir werden alles versuchen, diesen Kampf ohne Gewalt zu beenden."

Tobias meldet sich zu Wort. „Es tut uns wirklich leid, dass ihr durch uns in eine solche Lage gekommen seid. Wenn wir irgendwie helfen können, dann sagt uns

Bescheid, wir werden euch gerne helfen."

„Vielleicht sollten wir ein Gespräch mit Toto und Bullo führen", schlägt Pamela vor.

Auch Marie meldet sich. „Das ist gar keine schlechte Idee. Wir Frauen sind doch sicher in deren Augen bestimmt harmlos. Wenn Pamela und ich zu ihnen gehen und ihnen versichern, dass wir in friedlicher Absicht gekommen sind und versuchen werden, euch nicht zu stören und nicht zu behindern, dann werden sie vielleicht einsichtig sein."

Micaelo schüttelt den Kopf. „Nein, das ist viel zu gefährlich. Das möchte ich nicht riskieren. Ihr bleibt hier im sicheren Bereich unter unserem Schutz. Wir haben Toto und Bullo schon längst unsere Antwort übermittelt. Wir haben ihnen klipp und klar gesagt, dass wir ihre Forderungen nicht eingehen. Die Mehrheit ist dafür, dass ihr hier bei uns bleiben könnt und auch in Frieden, und da müssen sich auch Toto und Bullo und die Rigorosi fügen. Auch wenn sie unsere Gründe, die alle richtig gut und vernünftig sind, nicht einsehen. Es geht nicht darum, dass wir einfach nur mehr Personen sind, sondern darum, dass es die Mehrheit erkannt hat, dass diese Entscheidung für uns alle richtig ist. Wir müssen jetzt nur noch hoffen, dass nichts eskaliert, solange die Roboter noch aktiv sind. Das ist jetzt die einzige Gefahr. Daher bitte ich euch, bleibt auch ruhig und besonnen, und seid euch sicher, dass wir euch schützen."

Damas gesellt sich zu Marie. „Ich werde nicht von deiner Seite weichen, ich werde für deinen persönlichen Schutz zuständig sein. Du musst keine Angst haben!"

Marie sieht ihn freundlich an. „Das ist sehr nett von dir. Aber wir alle sind auch bereit, euch zu helfen, so wie ihr auch bereit seid, uns zu helfen. Die kurze Zeit, in der wir hier waren und euch kennen lernen durften, hat uns gezeigt, dass ihr alle sehr wertvolle Charaktere habt, und euch wirklich bemüht, immer das Beste zu tun, und aus allem das Beste zu machen. Ihr kümmert euch so wundervoll uns, dafür möchte ich mich im Namen aller bedanken."

Damas führt Marie zum Buffet und serviert ihr köstlich zubereitete Früchte und schmackhafte Gemüsesorten.

Andreasi und Micaelo mischen sich ebenfalls unter die Passagiere und wechseln mit jedem ein paar aufmunternde, freundliche Worte.

Von draußen ertönt ein lautes Brummen. Der Lärm regelmäßiger, lauter Schläge dringt in die Ohren der Anwesenden. Ein aufgeregtes Raunen erklingt im Saal.

Andreasi erhebt die Stimme und bittet die Anwesenden, weiter Ruhe zu bewahren. „Ich habe soeben durch meinen Ohrhörer erfahren, dass die Rigorosi draußen versuchen, das Gebäude zu erstürmen. Sie versuchen gerade, die Fassaden zu zerstören. Das kann ihnen aber nicht gelingen, ihre Kampfroboter sind nicht stark genug, das Material unserer Fassaden zu zerstören. Und je mehr sie die Roboter einsetzen, umso schneller ist ihre Energie verbraucht. Wir haben also im Moment weiter alles im Griff, deswegen fordere ich euch auf, weiter Ruhe zu bewahren und bitte euch, euch nicht zu ängstigen.

Es ist nur ein wenig Lärm, der uns jetzt belästigen wird. Aber ansonsten werden sie durch diese Maßnahme nicht weiterkommen."

Micaelo fügt hinzu: „Zu eurer Beruhigung werden wir aber noch unseren Wachschutz und einige andere Spezialisten herbei ordern. Die werden dann auch noch einmal die ganze Belagerung von außen hermetisch abriegeln und die Rigorosi mit ihren Kampfrobotern unter Beobachtung halten. Auch hier drinnen ist unser Wachschutz alarmiert. Keine Sorge! Unsere Fassaden sind absolut bruchsicher, aus einem Material, das nicht ohne Weiteres zu zerstören ist."

Obwohl das Klopfen und Schlagen und Brummen lautstark in ihre Ohren dringt, beruhigen sich die Menschen in der Begleitung der Acapoltaner nach und nach ein wenig.***

39. Kapitel

Woino und Erike erwachen durch das Knacken und Knistern in ihrer Nähe. Erschrocken richten sie sich auf und sind auf das Schlimmste gefasst. Sie blicken in den dichten Nebel, der die Welt um sie herum wie ein durchsichtiger Schleier einhüllt. Was mag sich ihnen wohl nähern? Bilder tanzen in ihrem Kopf. Ein wilder Bremmi? Eine ganze Herde davon? Bullo und Toto mit ihrer Truppe? Ein paar wilde Kampfroboter?

Sie ducken sich eng aneinander, Woino nimmt Erike in den Arm. Beim Näherkommen werden Gestalten deutlich, die sich kurze Zeit später als Personen entpuppen.

Eine Sekunde lang überlegt Woino, ob er mit Erike davon rennen soll. Aber wohin? In den dichten Nebel hinein und sich weiter verirren? Nein das ist keine Lösung, sie müssen sich jetzt diesen Personen, wer auch immer das sein mag, stellen.

Wenige Sekunden später erkennen sie die Uniformen der Piloten.

Beide Kinder atmen erleichtert auf.

„Oh, danke!" flüstert Erike und schließt kurz die Augen.

Die Männer haben die Kinder entdeckt und wenden sich ihnen erfreut zu.

Nach einer kurzen Begrüßungszeremonie

werden die Geschwister mit stärkenden Getränken und einem kleinen Imbiss versorgt. Ein Arzt untersucht sie an Ort und Stelle nach Verletzungen und Mangelerscheinungen.

Danach werden sie auf tragbaren Stühlen zu einem großen Flugobjekt, einem Bimi, getragen und auf kürzestem Weg in ihre Heimat geflogen. Während des Fluges erzählen sie ihre Erlebnisse und berichten von den geheimen Machenschaften und Aktionen der Rigorosi. Die Geschichten sprudeln aus ihnen heraus, die ganze Anspannung fällt von ihnen ab. Ein Begleiter notiert sich die wichtigsten Informationen über die Rigorosi und stellt zwischendurch einige Nachfragen. Der Flug vergeht rasch, ehe sich die Kinder versehen, sind sie auf dem heimatlichen Landeplatz angekommen.

Zu Hause werden sie von ihrer Verwandtschaft freudig begrüßt, müssen dann aber erfahren, dass sich ihre Mutter Hermes im Kassa Grande befindet, dass von den Rigorosi belagert wird.

„Können wir nicht auch dorthin?" fragt Erike ihre Tante Dimona.

Die rundliche Frau schüttelt den Kopf. „Das ist leider nicht möglich. Im Moment kann dort keiner hinein und keiner heraus, und das geht schon seit einigen Stunden so. Aber das wird sich bald ändern, eure Mutter hat nämlich vor kurzer Zeit hier angerufen und berichtet, dass die Kampfroboter bald ihre Energie verbraucht haben, und es für die Rigorosi keine Möglichkeit gibt, sie irgendwo in der Nähe wieder aufzuladen, weil ringsherum das ganze Energienetz abgeschaltet wurde. Allerdings haben die Rigorosi vorher doch einiges zerstört, auch in den Städten der verschiedenen Regionen. Zum Glück ist dabei keine Person getötet worden, es gibt nur zwei Leichtverletzte, einer, dem ein großer Kampfroboter auf den Fuß getreten ist und einer, dem ein Roboter die Hand gebrochen hat. Ansonsten war es zum Glück nur Sachschaden, den Ausmaß dieser Schäden hat man aber nicht allgemein bekannt gegeben, um hier die Einwohner nicht zu erschrecken. Auch den Menschen im Regierungsgebäude hat man es nicht mitgeteilt, damit sie sich nicht unnötig sorgen."

Erike lacht. „Das war wohl bei den Menschen auf der Erde ganz anders, haben uns Andreas und Michael erzählt. Egal, was da passiert ist, es wurde immer auf der ganzen Welt herum erzählt, und viele lebten ständig in Angst vor Unglück und Katastrophen."

Woino nickt. „Angeblich sollte das die Menschen sensibilisieren, damit jeder Mitleid mit dem anderen hat und anderen auch in Gefahrensituationen oder in Not hilft. Aber das war wohl auch ganz anders, trotz dieser Informationen gab es genug Menschen, denen es egal war, wie es dem Nachbarn ging. Da haben sich einige nicht um alte Menschen gekümmert und einige nicht um Kinder, die geschlagen worden, und ganz viele nicht um Menschen, die verhungert sind. Und es gab auch viele rigorose Parteien, die wachsen konnten, weil man die Kinder falsch erzogen hat oder gar nicht."

„Aber du musst dir deswegen keine Sorgen machen, Tante Dimona", fügt Erike hinzu. „So waren dort auch nicht alle Menschen, zum Glück. Und diese 24 Menschen, die im Raumschiff lebten und zehn Jahre unterwegs waren, das waren die anderen, die so denken und fühlen wie wir hier auf Acapolto, wo jeder froh ist, wenn es dem anderen auch gut geht. Wir haben ja Michael und Andreas kennen gelernt, das sind zwei ganz nette Jungen. Als wir hier noch zusammen wohnten, haben wir uns prima mit ihnen unterhalten, das wirst du noch selber feststellen, wenn sie wieder hier sind."

„Gut, dass ihr danach fragt", meint die Tante. „Sie sind schon seit einiger Zeit gefunden worden, und zwar oben auf dem Monte Magika am Landeplatz. Es ist ihnen nichts passiert, man hat sie sofort zu eurer Mutter gebracht, und nun sind sie mit den anderen Passagieren aus dem Raumschiff im Kassa Grande. Es geht ihnen auf jeden Fall gut, das kann ich euch versichern. Sie haben auch schon noch euch gefragt und wollten wissen, wie es euch geht. Und ich bin sicher, dass die Belagerung bald vorbei ist. Dann kommt eure Mutter und bringt sicher die beiden Jungen mit. Ich nehme an, das würde euch freuen, oder?"

„Oh ja. Wir verstehen uns sehr gut mit ihnen." Erike freut sich. „Ich fände es auch ganz cool, wenn Andreas und Michael ganz bei uns bleiben könnten, für immer."

„Ja", stimmt ihr Woino zu. „Das wäre exakt wunderbar und gigantös und pitto."

***

40. Kapitel

Toto und Bullo stehen zwischen ihren stummen und starren Kampfrobotern und sehen sich ratlos an.

Bullo löst als erster das Schweigen. „Unsere Späher haben überall nachgeforscht. Weit und breit um uns herum gibt es keine Energie zum Nachladen, in sämtlichen Haushalten wurde der Strom abgestellt. Nirgends gibt es ein Reserveaggregat. Über so etwas, diese Möglichkeit, haben wir natürlich überhaupt nicht nachgedacht. Anscheinend waren wir doch sehr naiv und nachlässig bei unseren Überlegungen. Was nutzen uns jetzt die besten Erkenntnisse in der Technik, was nutzt uns unser technischer Fortschritt, unsere technische Überlegenheit, wenn wir nicht imstande sind, sie richtig zu nutzen?! Jetzt haben wir uns selbst in eine Sackgasse hineinmanövriert. Überall stehen unsere Kampfroboter untätig herum und können nicht genutzt werden. Es ist eine Schande! Ohne die Kinder können wir auch nicht mehr an Sensi und Runi gelangen. Ich habe keine Ahnung, was wir jetzt tun sollen. Weißt du noch irgendeinen Ausweg?"

„Nein. An diesem Punkt weiß ich auch nicht mehr weiter. Wir haben zu sehr auf die Technik und auf die Roboter vertraut. Wir haben uns drauf verlassen, dass man sie an jedem Ort wieder mit Energie aufladen kann. Wir haben uns aber auch darauf verlassen, dass alle Rigorosi mit Herz und Verstand hinter uns stehen. Gerade heute, wo sich einige von uns distanziert haben, müssen wir feststellen, dass sie uns zum einen nur gefolgt sind, weil sie gedacht haben, wir wären klüger als Andreasi und Micaelo, und zum anderen, weil sie unseren Versprechungen geglaubt haben, unseren Versprechungen, dass es ihnen bei uns besser ginge als mit den beiden anderen Parteien. Aber unser erster Fehler war, die Kinder zu entführen. Damit haben wir es uns bei den meisten unserer Anhänger verscherzt. Daher habe ich auch keine Idee mehr, wie wir noch zu einem Erfolg kommen könnten, geschweige denn siegen können."

„Und was schlägst du jetzt vor, Toto?" Resignation liegt in Bullos Stimme.

„Wir haben keine andere Wahl, wir müssen aufgeben und uns stellen. Es nutzt uns überhaupt nichts in einen anderen Teil von Acapolto zu fliehen, denn sie werden uns überall finden mit den guten Suchgeräten, die sie haben."

Bullos Augen sehen in den Himmel. „Einen Augenblick lang habe ich überlegt, ob wir uns nicht ein Raketcllo stehlen sollen, damit zum Raumschiff der Menschen fliegen und von dort aus ins Weltall entschwinden. Aber dabei fehlt es auch wieder an einigen

Dingen. Es gibt dort oben nicht genug Nahrung und auch nicht mehr genug Treibstoff. Außerdem haben wir gar keine Ahnung, alle beide nicht, wie man dieses Raumschiff bedient. Auch dieser Gedanke führt also in einer Sackgasse. Wenn wir uns jetzt stellen und aufgeben, was wird man dann wohl mit uns tun?"

„Das weiß ich auch nicht", Toto kratzt sich am Kinn. „Ich denke, man wird uns vor Gericht bringen und einige Anklagepunkte vorbringen. Wir haben einiges zerstört, den Sportplatz, einige Häuser und Gärten, einige Straßen und Plätze, ein paar Scheunen und mehrere Lagerhallen, das wird uns eine Strafe einbringen. Aber die höchste Strafe wird man uns für die Entführung und die damit verbundene Erpressung zuteilen. Dafür haben wir sicherlich eine harte Strafe zu erwarten. Ich nehme an, dass wir auf die andere Seite des Planeten geschickt werden, damit wir von den anderen isoliert werden. Dort sind große Heime, in denen Acapoltaner leben, die uneinsichtig oder aggressiver sind als andere. Sie werden dort medizinisch und psychologisch therapiert. Ich hoffe nicht, dass man auf die Idee kommen wird, uns von diesem Planeten zu verbannen. Eine so ungewisse Zukunft könnte ich nicht ertragen."

„Und ich hoffe auch nicht, dass das die

Menschen aus Rache von uns verlangen. Verstehen könnte man es, nach dem, was wir ihnen angetan haben und was wir ihnen antun wollten", gibt Bullo zu bedenken.

„Gut, Bullo. „Dann wollen wir einmal auf unserem Telekommunikationsgerät den Gouverneuren der Grünen und der Blauen Partei unsere Kapitulation mitteilen. Es hilft ja doch nichts, hier noch länger zu warten. Irgendwann muss man auch einsehen, wenn man verloren hat."

Bullo nickt. „Genau genommen habe ich mich in so einer Art Rausch befunden, es war wohl so ein Macht-Rausch. Es ist wohl möglich, dass er einen manchmal überkommt. Die Folge davon war, dass ich mich selbst überschätzt habe. Mich selbst und unsere Möglichkeiten. Aber es waren wohl zu viele Emotionen, und mein Verstand hat wohl teilweise nicht mitgearbeitet und mich nicht zurückgehalten, wenn ich unvernünftig wurde. Und dir ist es bestimmt genauso gegangen. Jetzt müssen wir für diesen Rausch auch einstehen und die Folgen davon tragen. Es war alles wie ein böser Traum, der zum Glück aber jetzt endlich ein Ende findet. Ich gebe dir jetzt zum letzten Mal einen Auftrag, Toto. Bitte schreibe an Andreasi und Micaelo, dass wir aufgeben. Schreibe ihnen, dass es uns Leid tut. Schreibe ihnen, dass sie uns jetzt abholen

können!"
Toto nimmt sein Übermittlungsgerät und tippt ein: „Wir geben bekannt: Kapitulation. Gezeichnet Toto und Bullo."

***

41. Kapitel

Andreas und Michael sitzen mit Hermes, Woino und Erike in einem Gartencafé, das aussieht wie ein kleiner Park. Neben jedem Tisch blühen Blumen, die von einer kleinen Laterne beleuchtet werden.

Eine junge Frau bringt den Kindern und Hermes Schalen mit Eis, das aus den verschiedenen Früchten hergestellt ist.

„Das schmeckt wirklich hervorragend", findet Michael und lässt die Süßspeise auf der Zunge zergehen.

„So etwas Gutes gab es bei uns im Raumschiff nie", stimmt auch Andreas zu.

„Das könnt ihr hier auf Acapolto öfter einmal haben", bietet ihnen Hermes an. „Wenn es euch bei mir und bei Woino und Erike gefällt und ihr euch vorstellen könnt, dass ihr hier wohnen und leben wollt, dann biete ich euch das gern für die nächsten Jahre an, bis ihr erwachsen und selbstständig seid. Ihr werdet dann praktisch nicht nur Freunde von Woino und Erike, sondern auch wie Geschwister von ihnen sein. Ich habe schon mit meinen beiden Kindern gestern Abend darüber gesprochen. Auch sie wären sehr froh, wenn ihr Lust habt, bei uns zu bleiben. Und ich würde mich auch sehr darüber freuen. Also was meint ihr, wollt ihr lieber erst noch darüber nachdenken oder habt ihr jetzt schon dazu eine Meinung?"

Andreas und Michael sehen sich an und nicken sich zu.

„Ich finde es sehr schön bei euch, es gefällt mir sehr und ich mag euch", teilt ihnen Andreas mit.

„Ja", stimmt auch Michael zu. „Das geht mir auch so. Ich bin gern bei euch, und ich würde auch gern hier bleiben."

„Dann ist das jetzt abgemachten Sache", stellt Hermes fest. „Dann werde ich mich in Zukunft um euch kümmern und um alles, was mit euch zu tun hat. Ihr könnt mit all euren Problemen zu mir kommen, wir werden immer gemeinsam über alles reden und versuchen zu einer guten Lösung zu kommen. Ihr dürft euch eine gute Schule aussuchen, die ihr dann besucht, und ihr werdet euch einen Sport aussuchen dürfen, bei dem ihr euch bewegen könnt. Ich habe auch gehört, dass der Sportplatz, die Arena für die Wally-Meisterschaften schon wieder fast hergestellt ist. Der Termin für das Endspiel steht auch schon fest, und Damas hat mir versprochen, dass er für uns alle Karten besorgt, und zwar mit einem guten Platz, von dem man aus das ganze Spiel problemlos überblicken kann. Habt ihr dazu Lust?"

„Ja!" rufen die vier Kinder wie aus einem Mund.

„Und wenn ihr eine Weile hier wohnt, dann schauen wir auch mal nach, zu welchem

Hobby ihr Lust habt. Man kann hier sehr viel unternehmen. Es gibt zum Beispiel mittelgroße Bremmies, auf denen man reiten kann. Und es gibt eine Menge von Instrumenten, die man spielen kann. Man kann auch wissenschaftliche Forschungen schon als Kinder mit entwickeln oder man kann zum Beispiel in einen Singchor gehen. Es wird euch hier bestimmt nicht langweilig werden, und Spielzeug gibt es in Hülle und Fülle."

„Das glaube ich auch", meint Michael. „Hier gibt es sehr viel zu sehen und zu tun. Aber was ist denn jetzt eigentlich mit den Rigorosi? Und was hat man mit Toto und Bullo gemacht? Sind sie in einem Gefängnis?"

„So richtige Gefängnisse wie auf der Erde haben wir hier nicht", erklärt Hermes. „Aber sie sind sehr weit weg von hier in einer großen Anlage, die so ähnlich ist wie ein Gutshof. Dort arbeiten sie, manchmal auch auf den Feldern, und es gibt auch Personen, die gut auf sie aufpassen. Zwischendurch gehen sie zu Therapien, in denen man ihnen beibringt, sich sozial zu verhalten und Mitgefühl zu entwickeln. Sie machen auch sehr viel Sport und haben auch Freizeit. Aber sie haben keine Flugobjekte, mit denen sie diese Gegend dort verlassen könnten. Und sie dürfen auch eine ganze Weile nicht dieses Gebiet verlassen, bis sie nach einigen Jahren Prüfungen unterzogen werden. Und in diesen Prüfungen stellt man dann fest, ob sie sich sozialer entwickelt haben und eventuell wieder fähig sind, unter Acapoltanern leben zu können. Erst wenn sie all diese Prüfungen bestanden haben, dürfen sie wieder zurückkehren. Aber auch dann müssen sie sich erst einmal wieder mit eigener Kraft etwas aufbauen und zeigen, dass sie einen guten Willen haben. Nach einer weiteren Prüfung dürfen sie dann wieder ganz normal unter uns leben. Aber so etwas kann natürlich dauern, denn die psychologischen Gutachten von Toto und Bullo haben schon erst einmal ergeben, dass sie recht rebellisch und auch noch sehr egoistisch sind. Jedenfalls haben sie schon einmal versprochen, sich zu bessern, und das gibt uns allen Hoffnung."

„Sie haben uns ja auch nicht wirklich schlecht behandelt", gibt Erike zu bedenken. „Sie waren nicht wirklich böse zu uns. Sie haben uns zu essen und zu trinken gegeben und gut für uns gesorgt. Sie waren eben nur furchtbar dumm und naiv und wollten uns für ihre Zwecke einspannen, das war sehr unüberlegt. Und dass sie dir, Mutter, so viel Sorgen gemacht haben und uns doch auch einige Ängste beschert haben, das ist auch eine Tatsache. Obwohl sie das vielleicht auch nicht bedacht und gewollt haben. Aber es war eben eine Freiheitsberaubung, und die darf nicht ungestraft bleiben."

„Wenn sie schlau gewesen wären, hätten sie gar nicht gegen Andreasi und Micaelo kämpfen sollen", findet Michael. „Vielleicht wäre ja eine dritte Partei als Konkurrenz auch nicht übel. Dann kann man vielleicht versuchen für noch mehr Meinungen einen Kompromiss zu finden und noch mehr Meinungen zu berücksichtigen. Allerdings nicht eine, die einfach nur Macht haben will und alles zerschlägt, sondern die etwas Gutes beiträgt und kreative Ideen hat. Aus diesen Kampfrobotern kann man doch bestimmt auch viele neue gute Maschinen und Werkzeuge herstellen. Einfach Werkroboter, die etwas bauen oder den Einwohnern von Acapolto in irgendeiner Weise behilflich sind."

Hermes nickt. „Genau das hat man auch vor. Ihre technischen Entwicklungen werden verwendet für positive Zwecke. Übrigens hat man jetzt auch die ganzen pharmazeutischen Forschungszentren untersucht. Die Bremmies, die zu groß sind, werden jetzt in andere Gebiete geleitet, wo sie mehr Platz und mehr Futter haben. Dieses Superfutter ist schon samt den Rezepten vernichtet worden, darüber haben die Gremien entschieden. Aber andere pharmazeutische Ergebnisse konnte man wiederum gut verwenden für die Medizin, für die Gesundheit. So hat doch noch einiges ein gutes Ende finden können, bevor alles eskaliert ist. Und euer Raumschiff soll mit einem großen Raketello auf Acapolto heruntergebracht werden und als eine Art Museum nicht weit von Treja aufgestellt werden. Alle Gremien haben einstimmig beschlossen, dass die Insassen des Raumschiffes Zefir C4 auf diesem Planeten bleiben dürfen."

„Hurra!" ruft Erike. „Das sind ja gute Nachrichten. Bei so vielen positiven Ergebnissen brauche ich unbedingt noch ein zweites Eis."

***

42. Kapitel

Ein Jahr später ....

Im großen Sitzungssaal des Kassa Grande haben sich alle 24 Menschen und die beiden Gremien der beiden Parteien mit den Gouverneuren Andreasi und Micaelo zu einem Festakt versammelt.
An diesem Tag ist Hermes die Moderatorin des festlichen Ereignisses.
Sie begrüßt die Anwesenden herzlich.
„Zunächst einmal möchte ich denen, die es noch nicht wissen, zwei freudige Mitteilungen machen. Es hat in der letzten Zeit zwei besondere Ereignisse gegeben, die uns auch besondere Freude machen. Aus dem Raumschiff zu uns nach Acapolto gekommen sind Tobias und Pamela schon als ein Paar. Hier haben sie dann vor wenigen Wochen ihre Vermählung gefeiert. Vor einer Woche dann haben sich auch zwei Personen zusammengefunden, die von nun an zusammenbleiben wollen. Es ist Marie, die auch von weit her, von der Erde zu uns gekommen ist, und die wir als Freundin sehr lieb gewonnen haben. Sie leitet hier inzwischen einen Kindergarten und arbeitet zusätzlich in der pharmazeutischen Industrie. Marie hat hier Damas kennen gelernt, unseren Regierungssprecher, den wir sehr schätzen

und der uns viel bedeutet. Diese beiden zeigen uns, wie gut man miteinander leben und sich sogar lieben kann, selbst wenn man von verschiedenen Planeten stammt. Darüber sind wir alle sehr, sehr glücklich."

Ein großer Beifall brandet los und füllt den Raum.

Hermes fährt fort. „Aber heute sind wir hier zusammengekommen, um etwas ganz anderes zu feiern. Wie ihr alle wisst gibt es bei uns Gruppen von Jugendlichen, die gemeinsam Projekte entwickeln und auch gemeinsam forschen. Wir haben schon einige Preise vergeben, die wir an jugendliche Gruppen verteilt haben, aber heute vergeben wir den ersten Preis für eine ganz besondere Arbeit, die vier Jugendliche gemeinsam angefertigt haben. Diese vier Kinder heißen Andreas, Michael, Erike und Woino. Erike und Woino waren zuerst meine eigenen Kinder und später habe ich noch zwei Kinder der Erde, Andreas und Michael adoptiert. Aber denkt bitte nicht, dass ich diese Kinder bei der Preisvergabe bevorzugt habe, denn ich selbst bin nicht befugt gewesen, diese Auswahl zu treffen. Es waren reine Forscher und Wissenschaftler, die zu diesem Ergebnis gekommen sind, und die den vier Kindern den ersten Preis verleihen.

Es ist eine schriftliche Arbeit, ein kleines Buch, das diese vier Kinder selbst geschrieben und herausgegeben haben. Der Titel lautet: „Arbeit für einen dauerhaften Frieden." In dieser Schrift findet ihr alles Wissenswerte, das Wesen aus dem gesamten Weltall beachten und bedenken sollten, wenn es um ein friedliches Miteinander geht. Es ist sehr klar und deutlich in dieser Schrift zu lesen, welch ein großes Anliegen dieses Thema für die Kinder ist. Und das haben wir sehr ernst genommen. Wir alle wollen für unsere Kinder einen guten Planeten erhalten, auf dem man so gut wie möglich und in Frieden leben kann. Diese Kinder haben sich noch mehr Gedanken darüber gemacht, und wollen uns damit zeigen, wie sehr sie unseren Planeten schätzen und ehren, wie sehr sie andere Planeten auf ihre Art anerkennen, dass es immer möglich ist, auch in noch so ausweglosen Situationen, Verbesserungen zu schaffen und mit einem guten Willen dem Frieden näher zu kommen. Wir alle wünschen dass dieses Buch nicht nur in den Worten seine Verwirklichung findet. Wir hoffen, dass das Buch zu leben anfängt, dass es in unseren Herzen lebt, dass wir es uns zu Herzen nehmen, auf diesem Planeten weiter übertragen und in das Weltall hinaus. Wir haben ein kleines Exemplar davon in verschiedene Sprachen übersetzt und werden es nachher mit kleinen Ballons und

Mini- Raketellos in das Weltall schicken, damit es zu möglichst vielen anderen bewohnten Planeten gelangt. Wir wollen nicht müde werden, an einen Frieden zu glauben und auch dafür zu arbeiten. Fangen wir mit den Kindern an, leben wir ihnen den Frieden vor!

Und nun bitte ich die Kinder einmal vor zu treten und den Preis entgegenzunehmen."

Michael, Andreas, Erike und Woino erheben sich von ihren Plätzen und treten vor Hermes. Ergriffen sieht das Publikum zu, wie die Moderatorin vier Orden aus einem Kasten nimmt und sie den Kindern einzeln umhängt.

„Liebe Gäste", fährt Hermes fort. „Diese Orden sind etwas ganz Besonderes. An jedem Band hängen zwei Medaillen. Sie sind weder aus Gold, noch aus Silber, noch aus Platin, noch aus irgendeinem anderen Metall. Die eine Medaille enthält einen winzigen Sensi, die andere einen winzigen Runi. Damit wollen wir den Kindern zeigen, dass wir ihnen vertrauen, dass wir ihnen zutrauen, verantwortungsbewusst zu sein, verantwortungsvoll genug, um mit diesen wertvollen Mineralien vorsichtig umzugehen. Wir zeigen den Kindern damit, dass wir an das Gute in ihnen glauben. Und ich bin sicher dass sie das wertschätzen. Ich bin wie alle anderen ganz sicher, dass sie diese Steine nicht missbrauchen, sondern immer verantwortungsbewusst einsetzen. Wir danken den Kindern für ihre Arbeit, und freuen uns, ihnen mit diesem kostbaren Preis unsere Dankbarkeit zeigen zu können."

Die Gäste stehen von ihren Plätzen auf, tosender Beifall strömt aus den Zuschauerreihen. Die Kinder verbeugen sich vor dem Publikum und kehren danach auf ihre Plätze zurück.

Hermes ergreift erneut das Wort. „Nach dieser Ehrung kommen wir jetzt zum gemütlichen Teil unserer Feier. Wie ihr seht, haben wir an der einen Seite ein großes Buffet aufgebaut, und ich bitte euch jetzt, euch auch daran zu erfreuen. Im Anschluss daran darf sich jeder, der mag, von dem großen Stapel dort eines der Bücher mitnehmen."

Die Gäste folgen ihrer Einladung und vergnügen sich an dem Buffet. Muntere Unterhaltungen entwickeln sich. Die Passagiere des Raumschiffs erzählen von den Erlebnissen und Erfahrungen, die sie in dem vergangenen Jahr auf Acapolto gemacht haben. Das fröhliche Miteinander endet in den frühen Abendstunden, als Hermes alle Gäste bittet, ihr in den Innenhof zu folgen, um das große Finale mit ihr zu feiern.

Draußen erhält jeder Gast ein Mini-Raketello, ein jedes ist bestückt mit einem kleinen Buch. An großen weißen Ballons werden sie zunächst auf Kommando in eine Höhe von ca. 300 Metern getragen, dann werden sie automatisch ferngesteuert entzündet, und von dort schießen die kleinen Raketen als Friedensbringer in den weiten Himmel hinein.

Viele leuchtende Augenpaare sehen ihnen nach, hoffnungsvolle Gedanken folgen ihnen, und ein rauschender Beifall verabschiedet sie.

***

ENDE

250